MARLENA FISCHER

DAS SURVIVAL-HANDBUCH FÜR RENTNER

riva

Bibliografische Information der Deutschen Nationalbibliothek
Die Deutsche Nationalbibliothek verzeichnet diese Publikation in der Deutschen
Nationalbibliografie. Detaillierte bibliografische Daten sind im Internet über
http://dnb.d-nb.de abrufbar.

Für Fragen und Anregungen
info@rivaverlag.de

Wichtiger Hinweis
Ausschließlich zum Zweck der besseren Lesbarkeit wurde auf eine genderspezifische
Schreibweise sowie eine Mehrfachbezeichnung verzichtet. Alle personenbezogenen Be-
zeichnungen sind somit geschlechtsneutral zu verstehen.

Originalausgabe
1. Auflage 2022
© 2022 by riva Verlag, ein Imprint der Münchner Verlagsgruppe GmbH
Türkenstraße 89
80799 München
Tel.: 089 651285-0
Fax: 089 652096

Redaktion: Sebastian Brück
Umschlaggestaltung: Isabella Dorsch
Umschlagabbildung: Shutterstock.com/Bahau, Igogosha
Satz: Carsten Klein, Torgau
Druck: GGP Media GmbH, Pößneck
Printed in Germany

ISBN Print 978-3-7423-1836-7
ISBN E-Book (PDF) 978-3-7453-1548-6
ISBN E-Book (EPUB, Mobi) 978-3-7453-1549-3

Weitere Informationen zum Verlag finden Sie unter

www.rivaverlag.de

Beachten Sie auch unsere weiteren Verlage unter www.m-vg.de

INHALT

ENDLICH AM ZIEL!

Herzlichen Glückwunsch, Sie haben das Ziel erreicht. Geben Sie Ihre Schlüssel dem Wagenmeister, der ihn parken soll, wo er will, denn den brauchen Sie sowieso nicht mehr. Sie sind nämlich angekommen. Kein Sich-Abhetzen mehr auf den Aschenbahnen des Lebens, kein Planen, kein Wetteifern, kein Abhaken von To-do-Listen mehr. Mit dem Eintritt ins Rentenalter ab 67 plus/minus X haben Sie den Pflichtteil des Lebens erfolgreich hinter sich gebracht und dürfen nun mit der Kür beginnen.

Lassen Sie die Seele baumeln, gehen Sie den typischen Rentnerhobbys nach, schwärzen Sie Ihre Nachbarn bei der Polizei an, fahren Sie nach Sri Lanka zum Ayurveda oder brennen Sie heimlich Schnaps in der Garage – denn das haben Sie sich redlich verdient nach all den Kämpfen und Schlachten, die Sie in Ihrem Leben wieder und wieder geschlagen haben.

Vorbei sind die Zeiten als Jugendlicher, als Sie zwar um Welten fitter waren und es tatsächlich geschafft haben, vier Stufen auf einmal nehmend die Wohnungstreppe hinaufzustürmen, ohne sich einen Oberschenkelhalsbruch zuzuziehen – aber mit welchen Unsicherheiten hatten Sie doch damals tagtäglich zu kämpfen: Hat Anja Steffi möglicherweise lieber als mich? Werde ich vielleicht nie Bundesligastar? Wie schaffe ich es nur, von fünf Mark Taschengeld pro Woche diese endgeilen Lautsprecherboxen zu bezahlen? Werde ich jemals ein erfüllendes Sexualleben haben? Und traue ich mich mit diesen Schuhen überhaupt noch in die Schule?

Die darauffolgenden Jahre waren nicht wirklich besser. Zwar gab es in den Zwanzigern und Dreißigern endlich Sex – mal mehr, häufig weniger. Außerdem hatten Sie jetzt das Geld, sich die entsprechenden Boxen und die passenden Schuhe selbst zu kaufen, wenn Ihre Eltern so unvernünftig waren, das Geld nicht herauszurücken. Aber zu welchem Preis? Die Arbeitstretmühle hatte Sie fest im Griff, im besten Fall von *nine to five* – aber darf's auch ein bisschen mehr sein? Natürlich. Muss ja. Denn wer Geld verdient, der gibt mehr aus. Manchmal auch ein bisschen mehr, als man eigentlich hat. Kann man ja wieder reinarbeiten …

Weiter ging es auf der Schnellspur bergab – hinein in die Unfreiheit. Sie haben Kinder? Herzlichen Glückwunsch! Das heißt nämlich Jahrzehnte schlechten Schlafs – weil die Kinder Sie mit ihrem Geschrei nie schlafen ließen; weil der Alkohol, den Sie abends zum Runterkommen in sich hineinschütteten, Sie wach hielt; weil die Kinder unterwegs waren und Sie besorgt auf ihre pünktliche Rückkehr warteten oder – die schlimmste Ursache der Schlaflosigkeit, weil sie noch immer fortdauert und nie ein Ende finden wird: weil die Kinder ausgezogen sind und Sie plötzlich in einem viel zu leisen Haus all das Geschrei und Getrampel und nächtliche Kühlschrank-Geklapper vermissen, schmerzlich vermissen. Nicht zu vergessen die verkackten Windeln, die Sie gewechselt, die verkackten Klos (wozu ist noch einmal eine Klobürste gut?), über die Sie geflucht haben. Und wie oft ist Ihnen wohl der Spruch »Das hier ist keine Imbissbude« über die Lippen gekommen? Ob Sie wohl genauso grau und faltig wären, wenn Sie keine Kinder gehabt hätten?

Ist es da nicht unglaublich beruhigend, zur Garage zu gehen und sicher zu wissen, dass erstens Ihr Auto auch wirklich da und es zweitens weder verkratzt noch aus irgendwelchen Gründen fahruntauglich ist?

Denn all das ist vorbei, vorbei, vorbei.

Die Kinder – aus dem Haus.

Die Schulden – abgezahlt, zumindest so gut wie.

Die Arbeitssorgen? – Winke-winke!

Hallo, Enten im Stadtpark!

Doch wie bitte? Eigentlich wollten Sie noch gar kein Rentner sein? Wie soll man denn bitte schön das verstehen?

WAS? ICH WILL DOCH WEITERARBEITEN!

DIE ARBEIT LOSLASSEN

Gehe nicht mehr über Los, ziehe keine 2000 Mark ein …

Nicht nur aus finanziellen Gründen ist das Rentenalter für Sie so ganz und gar nicht das, was Sie schon lange erträumt haben? Während um Sie herum alle aus unverständlichen Gründen dem Renteneintritt entgegengefiebert haben oder noch fiebern (diese Glücklichen!), hing das Rentenalter schon lange wie ein Damoklesschwert drohend über Ihrem Kopf und erfüllte Sie mit Angst, Hilflosigkeit und Entsetzen. Und jetzt ist es herabgestürzt, hat Ihr Herz durchbohrt, Sie abgetrennt von Ihren Liebsten – nämlich Ihren Kollegen – und Ihrem Lebenszweck, der Arbeit, die selbst dem sinnlosesten Leben Sinn verleiht.

Wie werden Sie ihn vermissen, den morgendlichen Kaffee mit Ihren Kollegen und die damit verbundenen täglichen Klatschrunden! Mit so viel Lachen, so viel Wärme, so viel Liebe! Die Geburtstagsfeiern, wenn alle sich um den liebevoll selbst gebackenen Kuchen versammelten und aus vollstem Herzen »Wie schön, dass du geboren bist« schmetterten. Die Betriebsausflüge mit Klassenfahrtcharme, die Weihnachtsfeiern, ein Höhepunkt Ihres Jahres …

Oje, ich sehe schon: Da sitzt jemand einer hartnäckigen Selbsttäuschung auf. Zeit, sich einmal tief in die Augen zu blicken. Denn seien wir doch mal ehrlich:

Hingen Ihnen diese schrecklichen Kaffeerunden nicht schon längst zum Hals heraus? Das ständige Genöle, Geläster, das Gejammer über zu viel, zu wenig, zu schwere Arbeit, was zum guten Ton gehörte, aber so gut wie nie der Wahrheit entsprach? Und sind Sie sich nicht insgeheim sicher, dass die Kollegen, mit denen Sie gemeinsam über Dritte hergezogen haben, mit Dritten hinter Ihrem Rücken auch über Sie herzogen? Und der Kaffee – kann man diese Plörre überhaupt als Kaffee bezeichnen? Ihr Sodbrennen sagt Nein! Vor allem nicht, seitdem die Gesundheitsapostel unter den Kollegen Ihnen ständig unter die Nase reiben, dass Kaffee mit Milch und Zucker das reinste Gift sei. Komisch – nach Gift schmeckt es erst dann, wenn man es ohne Milch und Zucker trinkt.

Und die Geburtstagsfeiern. Na ja, Sie haben ja schon lange keine Lust mehr, daran erinnert zu werden, dass der Tod jeden Tag ein kleines Stückchen näher rückt. Deshalb können Sie auf Geburtstage sehr gut verzichten. Vor allem weil Sie mit den stinknormalen Kuchen, den die Kollegen in Ihren ersten Berufsjahren mit Begeisterung verschlungen haben, heutzutage gar nicht mehr anzukommen brauchen. Ist da Weizenmehl drin? Enthält Käsekuchen eigentlich Laktose? Da ist doch nicht etwa Zucker drin!?! Wenn man sowieso nur noch Karottendinkelvollkornkuchen mitbringen darf, dann lassen Sie es lieber gleich, oder?

Und die Betriebsausflüge mit Klassenfahrtcharme, die hatten tatsächlich etwas – nämlich wirklich Klassenfahrtcharme. Mal ehrlich: Seit wie vielen Jahren schlafen Sie in fremden Betten so richtig sch… oder einfach nur gar nicht? Aber nicht auf diese gute jugendliche »Ich habe die ganze Nacht durchgemacht«-Art, sondern eher auf die Nacken-Rücken-Kopfweh-»Ich heul gleich los«-Art.

Und wenn Sie sich die Weihnachtsfeiern genauer ansehen, dann merken Sie schnell, dass Sie da auch nicht wirklich was vermissen werden. Klar war es die ersten Jahre mega, als Sabine aus dem Vertrieb mit Klaus aus dem Marketing herumgeknutscht hat und Sie nach dem Genuss einer Wodkawassermelone noch eine Runde Strip-Poker gespielt haben – aber diese Zeiten sind auch schon lange vorbei. Stattdessen: *The same procedure as every year.* Häppchen, Small Talk, Musik, die Ihnen so gar nichts mehr sagt. Stattdessen Zurückhaltung beim Alkohol, denn in Ihrem Alter, da soll man ja auch Vorbild sein – und trotzdem bohrende Kopfschmerzen am nächsten Morgen. Geben Sie es doch zu, dass Sie es genossen haben, als damals coronabedingt die Weihnachtsfeier virtuell stattgefunden hat und Sie sich nach der obligatorischen Stunde ausloggen und auf die Couch knallen konnten. Wollen Sie mir wirklich erzählen, Sie werden die ganze Chose vermissen?

Und das waren nur die Highlights!

Denken Sie doch nur daran, was Ihnen vom »normalen« Arbeitsalltag alles erspart bleiben wird. Das Aufstehen zu Tageszeiten, die so gar nicht zu Ihrer inneren Uhr passen – weil Sie entweder schon um halb fünf aufwachen (Stichwort: »Senile Bettflucht«) und nicht wissen, was Sie bis zum Bürobeginn um neun Uhr machen sollen, oder weil Sie am Vorabend mal wieder vor der Glotze eingeschlafen sind, sich schließlich um zwei total verstrahlt ins Bett geschleppt haben und um sechs den Wecker am liebsten zertrümmern würden, der Sie zum Schichtbeginn ruft.

Nie mehr Arzt- und Friseurtermine zu unmöglichen Zeiten, weil Sie zu den »normalen« Uhrzeiten ja arbeiten müssen. Nie mehr dringende Mails kurz vor Feierabend mit Dingen, die »asap«* noch erledigt werden müssen. Nie wieder bei Beförderungen übergangen werden. Nie wieder Versetzungen in Abteilungen, in die Sie nicht wollen. Nie wieder »neue Arbeitsfelder«, die nur mehr Arbeit und keinen Cent mehr Geld bedeuten. Nie wieder wochenlang über eine Gehaltserhöhung lamentieren, die nicht einmal den Inflationsverlust ausgleicht. Nie wieder dem Chef in den Arsch kriechen. Nie wieder vom Chef heruntergeputzt werden. Grundlos. Oder noch schlimmer: mit Grund. Vor dem ganzen Team.

Sie sind der Chef? Pardon: Sie waren der Chef? Noch schlimmer! Sie wissen schon, dass alle Sie eigentlich hassen, oder? Ein paar sind nett zu Ihnen? Vermutlich auch nur, bis die nächste Gehaltserhöhung nicht den Wünschen entspricht. Und mal ehrlich: Haben Sie sich nicht ein bisschen auch selbst gehasst?

KOLLEGENSPRÜCHE, DIE IHNEN AB SOFORT ERSPART BLEIBEN

»Na, schon Feierabend?«

»Deinen Job möcht ich haben!«

»Du gehst schon? Arbeitest du heute nur halbtags, oder wie?«

---

* Für alle, die das Glück haben, diesen Spruch nie gehört zu haben: As soon as possible, deutsch: so schnell wie möglich

Machen Sie sich stattdessen bewusst: Sie sind frei – schöpfen Sie diese neu gewonnenen Freiheiten nun auch aus und fahren Sie das absolute Gegenprogramm zum streng durchgetakteten Alltag eines Hamsters in der Tretmühle. Stehen Sie auf, wann es Ihnen passt. Gehen Sie im Morgengrauen Tautreten im Grünstreifen oder schlafen Sie bis zehn und lesen Sie dann noch bis zwölf im Bett. Dösen Sie um 19 Uhr bei den Nachrichten ein oder bingen Sie Serien bis weit nach Mitternacht durch.

Gönnen Sie sich ein Mittagsschläfchen, das den Namen verdient und nicht nur als »Powernap« auf seine Funktion des Arbeitskrafterhalts reduziert wird. Und wenn es bis vier Uhr am Nachmittag dauert: na – und! Dann bleiben Sie abends eben länger wach.

Ziehen Sie die hässlichsten Klamotten an, die Sie finden können – keine Sau wird es sehen und darüber lästern. Schneiden Sie die Krawatten ab, sagen Sie den Anzügen Lebewohl oder tragen Sie endlich die knallbunten Blumenkleider mit tiefem Ausschnitt, die Sie im Büro nie anziehen durften, weil Sie darin aussehen wie ein Hippie oder ein Luder oder ein Hippieluder. Juhu!

Verbringen Sie ganze Tage, Wochen und Monate, in denen Sie überhaupt nichts Produktives machen, in denen Sie sich einfach nur treiben lassen, ohne Schedule, To-do-Listen, Meetings und Ablaufpläne.

Tun Sie all diese Dinge, aber fangen Sie auf keinen, auf gar keinen Fall wieder an zu arbeiten. Lassen Sie sich nicht überreden, noch ein paar Jahre draufzulegen, weil Ihr Know-how doch für die Firma so unverzichtbar ist. Nein, danke! Allenfalls für gut bezahlte Beraterverträge könnten Sie möglicherweise eine Ausnahme machen.

Was nicht heißt, dass Sie nicht Kontakt zu Ihren alten Kollegen halten sollten, die noch immer im Hamsterrad gefangen sind. Treffen Sie sich regelmäßig mit Ihnen, lauschen Sie mit interessierter Distanz, wie Ihre Kollegen von Ihnen in langen Tiraden darüber klagen, was der Chef/die anderen Kollegen/die Verwaltung wieder für einen oberdämlichen Mist angestellt hat/haben, und freuen Sie sich, dass Ihnen das piepschnurzegal sein kann!

WAS SOLL ICH DENN JETZT MIT ALL DER ZEIT ANFANGEN?

RENTNERBESCHÄFTIGUNG

Sie haben natürlich recht. Es ist leichter gesagt als getan, man solle sich einfach durch den Tag treiben lassen und eine interessierte Distanz zu den Dingen einnehmen, die bisher, wenn nicht der Mittelpunkt ihres Lebens, so doch ein zentraler Bestandteil Ihres Daseins waren.

Was es braucht, sind also alternative Beschäftigungen, um die Leere, die der Verlust Ihrer Arbeit in Ihrem Leben hinterlassen hat, mit sinnhaften Tätigkeiten zu füllen.

Aber machen wir zunächst einen kleinen Selbsttest, wie dringend Sie eine Beschäftigung brauchen.

Wie dringend benötigen Sie eine Beschäftigung?

Frage 1

Wenn Sie am Morgen aufwachen, fühlen Sie sich ...
A: ... gut gelaunt und voller Schwung.
B: ... müde.
C: Ich wünschte, ich würde nicht mehr aufwachen.

Frage 2

Wenn Sie einen Anruf bekämen, Sie dürften morgen wieder in die Arbeit gehen ...
A: ... würde ich vor Freude einen Herzinfarkt bekommen.
B: ... würde ich den Chef auf einen Beratervertrag herunter-handeln.
C: ... würde ich ohne ein weiteres Wort auflegen.

Frage 3

Wie haben Sie den gestrigen Tag verbracht?
A: Ich habe gelesen.
B: Ich habe den Garten umgegraben, Blumen gepflanzt, Splitt in die frisch entmoosten Fugen des Terrassenpflasters ge-kehrt und die Regenrinne gereinigt.
C: Ich habe ans Sterben gedacht.

Frage 4

Was sagen Ihre Freunde, wie dringend Sie eine Beschäftigung brauchen?

A: Ich habe keine Freunde.

B: Meine Freunde nerven mich ständig mit Ideen – aber ich habe keine Lust darauf.

C: Ich nerve meine Freunde mit Vorschlägen.

Frage 5

Wenn Ihr Leben ein Film wäre, welchen Titel hätte er dann?

A: Honig im Kopf.

B: Wer früher stirbt, ist länger tot.

C: Mit 80 Jahren um die Welt.

Punkte

	Frage 1	Frage 2	Frage 3	Frage 4	Frage 5
A	10	0	5	0	5
B	5	5	10	5	0
C	0	10	0	10	10

Auflösung

0 bis 15: Sind Sie sicher, dass Sie nicht möglicherweise an Altersdepressionen leiden? Sie brauchen dringend eine Beschäf-

tigung. Suchen Sie sich aus den auf den folgenden Seiten vor-
gestellten Aktivitäten mindestens drei aus, die Sie in Zukunft in
Angriff nehmen. Und wenn das nicht wirkt, suchen Sie sich einen
Therapeuten, der Sie aus diesem Tal der Finsternis herausführt.

20 bis 35 Punkte: Ihnen geht es eigentlich ganz gut. Die Langeweile ist für Sie erträglich – und falls es Sie doch einmal packt,
finden Sie auf den folgenden Seiten spannende Anregungen.

40 und mehr Punkte: Herzlichen Glückwunsch. Anregungen
für Aktivitäten benötigen Sie nicht. Sie dürfen die folgenden Seiten
aus diesem Buch herausreißen und bei Ihrer nächsten Rafting-
Flusswanderung zum Anzünden des Lagerfeuers verwenden.

Das ehrenhafte Ehrenamt

Und da wären wir schon bei der ersten Option, besonders geeig-
net für all jene, die das Gefühl haben möchten, noch gebraucht
zu werden: Werden Sie ehrenamtlich tätig. Denn was bietet das
Ehrenamt nicht für einen bunten Strauß von Möglichkeiten!
    Sie lieben den Abwärtsvergleich? Melden Sie sich in der orts-
ansässigen Seniorenresidenz und lesen Sie dort vor, fahren Sie
ältere Mitmenschen im Rollstuhl spazieren und erfreuen Sie sich
an Ihrer eigenen noch relativ hohen Mobilität und Ihrer Fitness.
    Ihnen steht nicht so sehr der Sinn nach alten Menschen – alt
sind Sie selbst genug? Übernehmen Sie eine Enkelpatenschaft. In
Zeiten steigender Mobilität wachsen immer mehr Kinder Hunderte
Kilometer von ihren Großeltern entfernt auf und haben niemand-
den, der ihnen zum 24-millionsten Mal *Die kleine Raupe Nimmer-*

satt vorliest, mit ihnen überzuckerte Plätzchen backt oder erzählt, wie es damals so war, als es noch Mark gab und für 20 Pfennig eine ganze Papiertüte voll Brausebonbons.

Auch nicht so ganz in Ihrem Sinne? Dann werden Sie Teil einer gemeinnützigen Organisation. Das Schöne daran: Hier haben Sie die Chance, in alle möglichen internen Grabenkämpfe hineingezogen zu werden, die Ihrem Leben erst die rechte Würze verleihen. Helfen Sie also in der örtlichen Bücherei aus und sortieren Sie Bücher ein. Organisieren Sie Müllsammelaktionen oder Spendensammlungen für Waisenhäuser in Rumänien.

Über solche Tätigkeiten haben Sie früher nur müde gelächelt? Na und? Menschen ändern sich, Zeiten ändern dich! Oder wie sagte Ihr Altersgenosse Konrad Adenauer so schön: »Wat kümmert mich ming Jeschwätz von jestern?« Dass Ihre Freunde, die das Rentenalter noch nicht erreicht haben, jetzt im besten Fall ihre Witzchen über Sie machen und im schlimmsten Fall abfällig die Augenbraue heben: Das stehen Sie doch drüber, oder? Und Sie werden sehen: Wenn Ihre Freunde einmal das Rentenalter erreicht haben, dann werden sie Sie um Tipps und Tricks für einen ausgefüllten Alltag nur so anbetteln – aber die besten Ehrenämter, die behalten Sie natürlich für sich!

Gartenfreuden

Ihnen steht der Sinn nicht so nach Ihren Mitmenschen? Dann widmen Sie sich Ihrem Garten. Das hält jung und fit und bietet zahlreiche Möglichkeiten, sich kreativ zu entfalten. Wie wäre es, wenn Sie im Blumenbeet einmal ganz neue Pflanzen ausprobieren? Darf es vielleicht sogar ein Hochbeet sein? Der Rücken dankt es Ihnen. Und das Unkraut, das Ihnen über Jahre hinweg Sorgenfalten auf die Stirn getrieben hat: Jetzt begrüßen Sie es voller Freude, weil es Ihnen einmal mehr die Möglichkeit gibt, sich an der frischen Luft zu verausgaben.

Und gibt es etwas Schöneres, als sich nach getaner Arbeit auf die Gartenliege fallen und das Auge über das wohl gehegte und gepflegte Königreich schweifen zu lassen, ein Cocktail oder ein kühles Helles in der Hand, ein gutes Buch auf dem Schoß?

Sie haben keinen Garten? Keine Sorge – denn Gärtnerfreuden müssen Ihnen nicht vorenthalten bleiben. Selbst auf dem kleinsten Balkon oder auch auf dem Fensterbrett lassen sich im Blumenkasten großartige Radieschen oder in Töpfen auch Tomatenstauden oder ganze Kräutergärten züchten.

Oder Sie werden zum Gartenguerilla und legen in Ihrer Stadt Gemüsebeete auf dem Grünstreifen an und werfen Samenbomben auf Brachflächen (dafür einfach Blumen- oder auch Kräutersamen mit Erde und Wasser, gegebenenfalls auch ein bisschen Ton vermischen und zu einer festen Kugel formen). Erlaubt ist, was gefällt. Und wenn dann alles grünt und blüht, dann freut sich nicht nur Ihr Gärtner*innenherz, sondern auch das Ihrer Mitmenschen. Aber Vorsicht beim Werfen. Sie waren schon mal zielsicherer …

Es lebe das Handwerk

Ihr Garten trägt reiche Früchte? Dann wird es Zeit, diesen Segen auch mit Ihren Mitmenschen zu teilen! Und mal ehrlich: Wenn im Juni plötzlich alle Erdbeeren auf einmal reif werden, dann ist es irgendwann auch zu viel des Guten. Das erste Kilo schmeckt noch gut, das zweite geht so, das dritte mit reichlich Rum püriert geht trotz Alkohol nicht mehr so gut runter – da wird es Zeit für einen großen Marmeladenkochtag.

Das geht eigentlich so easy-peasy, dass es mir fast peinlich ist, hier ein Rezept anzuführen, aber vielleicht sind Sie ja Bankvorstand im Ruhestand und haben erst zehn Jahre nach dem Einzug in Ihre neue Wohnung gemerkt, dass der Herd gar nicht angeschlossen ist, weil Sie immer nur außer Haus gegessen haben. Also hier das Rezept:

ERDBEERMARMELADE

- 1 Kilogramm Erdbeeren – gewaschen und klein geschnitten, je kleiner die Stücke, desto weniger stückig die Marmelade
- 500 Gramm Gelierzucker
- 2 Esslöffel Zitronensaft

Alle Zutaten vermischen und mindestens eine Stunde ziehen lassen. Anschließend unter Rühren aufkochen und mindestens drei Minuten (siehe auch die Anleitung auf dem Gelierzucker) kochen lassen. Den Schaum von der Marmelade zum Sofort-Essen abschöpfen, in die Marmelade gehört der Schaum nicht.

Die Gelierprobe zeigt nun, ob die verbleibende Marmeladenmasse fertig ist. Dafür einen Löffel der Flüssigkeit nehmen und auf einen Teller geben. Wird die Flüssigkeit fest, ist die Marmelade fertig und kann in vorher ausgekochte Gläser gefüllt werden. Andernfalls muss die Marmelade noch weiterkochen. Die Gläser gründlich verschließen, auf den Kopf stellen und so abkühlen lassen.

Was Sie jetzt mit der ganzen Marmelade machen sollen? Na, wie sich das für einen Rentner gehört: Ihre Familie bei jeder sich bietenden Gelegenheit ungefragt damit beschenken.

Pah! Marmelade kochen Sie schon seit Ewigkeiten ein? Damit erzähle ich Ihnen nichts Neues? Dann probieren Sie andere Dinge. Wie wäre es mit Kürbis-Chutney? Oder selbst gemachtem Bratapfellikör? Doch es empfiehlt sich, vor dem Verschenken zu probieren, ob das Ergebnis Ihren Erwartungen entspricht. Die Beschenkten werden es Ihnen danken.

Nach Kochen steht Ihnen so gar nicht der Sinn? Dann werden Sie als Heimwerker*in aktiv. Vogelhäuschen bauen, einen Grill selbst mauern, eine Sitzecke zimmern, einen Räucherofen bauen – Ihrer Fantasie sind keine Grenzen gesetzt. Aber passen Sie auf sich auf. Wussten Sie schon, dass die meisten Unfälle im Haushalt passieren?

DIE GRABENKÄMPFE IM HAUS

Sie sind selbst Hausfrau oder Hausmann? Dann kommt Ihnen bei dem Vorschlag, ihr*e Gatte*in könnte nun plötzlich anfangen, Ihr angestammtes Terrain zu beanspruchen, vermutlich das kalte Grausen.

Es ist ja schon schlimm genug, dass es für Sie die »Rente« in ihrer eigentlichen Form nicht gibt, und zwar – Mütterrente zum Trotz – nicht nur in finanzieller Form nicht. Während alle in Ihrem Freundeskreis davon träumen, als Rentner »so richtig zu leben« und »auch mal fünfe grade sein« zu lassen, gönnen die schmutzige Wäsche, der leere Kühlschrank und die dreckigen Fenster Ihnen kein ruhiges Rentnerleben.

Und wenn der liebe Nachwuchs auf Besuch kommt, dann geht es erst richtig los. Denn dann verlangen die Kinder, die gar keine Kinder mehr sind, das Rundum-sorglos-Paket. Also stopft Mami – denn seien wir mal ehrlich, aller Genderei zum Trotz ist es in 99,9 Prozent der Fälle die Mami, die das »Hotel Mama« führt – den Kühlschrank voll, wird dafür gemahnt [»Du sollst doch nicht immer für uns einkaufen«] und trotzdem schief angeschaut, wenn etwas vergessen oder – Gott bewahre – falsch eingekauft wurde [»Du weißt doch, dass ich den Käse nicht esse!«].

Und zum Mittagessen gibt es dann bitte schön Schweinebraten oder Rouladen oder Entchen oder Lendchen – irgendwas, was der Nachwuchs, obwohl er vor 15 Jahren ausgezogen ist, noch immer nicht selbst kochen kann, sich aber immer wieder wünscht, wenn er dann doch einmal die Gnade hat, in heimische Gefilde zurückzukehren. Dass »Mami« dafür seit sechs Uhr früh in der Küche steht – geschenkt. Die freut sich doch! Der Nachwuchs schläft im Kinderzimmer den Kater aus, den er sich beim Schnäpseln auf dem Klassentreffen am Vorabend zugezogen hat.

Aber wo waren wir eigentlich? Genau: Selbst wenn die Kinder das längst verlassene Heim nicht an Weihnachten und Ostern wieder in Beschlag nehmen, drängt ein neuer Feind in die vier Wände: der∗die Partner∗in, der∗die nun das Rentenalter erreicht hat und sich breitmacht – dabei hatten Sie doch endlich Ihren perfekten Tagesablauf gefunden.

Deshalb hier – für beide Parteien – die wichtigsten Strategien zur Deeskalation. Sonst landen Sie beide innerhalb eines Jahres vor dem Scheidungs- oder dem Strafrichter!

DIE HAUSFRAU/DER HAUSMANN

- Ziehen Sie klare Grenzen. Wie bei *Dirty Dancing*: »Mein Tanzbereich – dein Tanzbereich«. Wovon soll Ihr*e Partner*in gefälligst die Finger lassen?
- Kommunizieren Sie das deutlich, damit keine Missverständnisse aufkommen.
- Seien Sie aber auch bereit, mal nachzugeben – nur weil sie etwas immer so gemacht haben, muss das nicht immer so bleiben.
- Geben Sie Aufgaben ab – fordern Sie dies gegebenenfalls aktiv ein. Wichtig: Formulieren Sie Mindeststandards, was zum Beispiel »Bad putzen« betrifft – aber erwarten Sie keine Perfektion. Die haben nur Sie drauf!
- Atmen Sie tief durch.

DER EINDRINGLING

- Machen Sie sich bewusst: Nicht alles, was geändert werden kann, muss auch geändert werden.
- Fordern Sie Ihren Teil vom Haushaltskuchen ein – beziehungsweise übernehmen Sie Ihre rechtmäßigen Pflichten, aber werden Sie nicht übergriffig.
- Wenn Sie anfangen, Ihrem*r Partner*in hinterherzuputzen, nimmt das hier kein gutes Ende.
- Akzeptieren Sie bestehende Standards. Nur weil Sie finden, dass das Bad sauber ist, heißt das nicht, dass es *wirklich* sauber ist.
- Atmen Sie tief durch.

Der beste Freund des Rentners

Sie haben recht. Vielleicht sollten sie von Hammer und Säge doch lieber die Finger lassen. Wie wäre es stattdessen mit einem Hund? Ihre Kinder – sofern Sie denn welche haben – haben das elterliche Nest vermutlich bereits vor Jahren, wenn nicht gar Jahrzehnten, verlassen. Die Zeiten, dass sich die Kleinen an Mama oder Papa gekuschelt haben, um sich ausdauernd den Rücken kraulen zu lassen, sind noch viel länger vorbei. Gleichzeitig erfüllt sie ein unglaublicher Zärtlichkeitsüberschuss, den Sie irgendwo loswerden möchten?

Schaffen Sie sich einen Hund an! Denn selbst wenn Sie Ihre Kinder so ganz und gar nicht vermissen und auf Krauleinheiten durchaus verzichten können: Ein Hund bereichert Ihr Leben ungemein. Er begrüßt Sie am Morgen freudig, gibt Ihrem Tag Struktur und Ihren Gesprächen mit den Nachbarn Inhalt und Anlass (im besten Fall ist der Anlass ein positiver – und nicht die Frage, weshalb der »Drecksköter immer an die Gartenmauer pinkeln muss«). Er treibt Sie vor die Tür und sorgt dafür, dass Sie auch wirklich jeden Tag Ihre Dosis frische Luft bekommen und hält Sie auf Trab, wenn er einmal wieder Jagd auf Radfahrer macht.

Einerseits.

Andererseits hecheln Sie ihm ständig hinterher, weil er wieder etwas angestellt hat. Er treibt Sie hinaus in die Kälte, obwohl Sie lieber weiter auf dem Sofa fernsehen möchten. Er weckt Sie auf, wenn Sie eigentlich noch schlafen möchten, weil er dringend rausmuss. Er zwingt Sie, mit fremden Menschen zu reden, und raubt Ihnen somit all jene kleinen Freuden, die das Rentnerdasein überhaupt erst so großartig machen.

Keine leichte Entscheidung …

Ab in die Berge

Und mal ehrlich: An die frische Luft – das schaffen Sie auch allein. Schließlich sind Sie doch Ihr Leben lang aktiv gewesen, sind reichlich und weit gewandert.

Sind Sie nicht?

Na, dann wird es aber Zeit. Kennen Sie nicht das berühmte Volkslied »Das Wandern ist des Rentners Lust«? Wobei Sie es jetzt allerdings etwas langsamer angehen sollten. Die Zeiten, in denen Sie auf der Heimfahrt vom Wanderurlaub in Österreich beim Zwischenstopp schnell die Zugspitze hinauf- und wieder hinuntergerannt sind, sind vorbei. Wussten Sie, dass in den Alpen mehr Menschen beim Bergsteigen sterben als beim Skifahren?

Egal? Sie sind fit wie Reinhold Messner? Der ist inzwischen auch schon um die 80. Vielleicht versuchen Sie es also lieber mit den Mittelgebirgen? Der Steigerwald soll um diese Jahreszeit sehr schön sein.

Außerdem mal ernsthaft: Für Hüttentouren sind Sie doch sowieso viel zu alt. Nicht körperlich – das zwar auch, denn können Sie sich wirklich vorstellen, eine Nacht mehr oder weniger auf dem Boden zu schlafen? –, sondern psychisch. Das Geknatter und Geschnaufe der anderen, das schreckliche Essen, die beengten Duschkabinen, in denen vor Ihnen schon 45 andere Bergsteiger geduscht haben, die stickigen Klokabinen, die bei Ihnen für Verstopfung sorgen. Die zum Trocknen aufgehängten Käsestinkesocken. Wollen Sie sich das wirklich noch einmal antun?

Ein Haus auf Rollen

Vielleicht schaffen Sie sich ja doch lieber ein Campingmobil an? Da haben Sie auf dem Topf wenigstens Ihre Ruhe und sind gefeit gegen das Geschnarche und Geraunze der anderen. Unabhängig und frei kreisen Sie durch die Lande, entdecken versteckte Plätze, von denen Sie schon lange geträumt, die Sie aber noch nie gesehen haben. *On the road* schnuppern Sie endlich den Duft der Freiheit, den Sie als Sachbearbeiter*in am Schreibtisch schmerzlich vermisst haben. Jetzt hat Ihnen niemand mehr was zu sagen.

Heute Bottrop, morgen Venedig? Warum nicht! Ab in Ihr ganz persönliches Traummobil und los geht's zu neuen Abenteuern. Vor der Reise Hotel buchen, Zugtickets kaufen? Wie spießig geht's denn noch?

So lautet zumindest die Theorie. Die Erfahrung sagt nämlich: Nach den ersten drei Ausflügen mit der Neuerwerbung kehrt dann doch schnell Ruhe ein. Das Wohnmobil moost hinter der Garage vor sich hin, während es auf den nächsten Einsatz wartet, der da nicht kommen will – ein in Blech und Plastik gegossenes Schandmal Ihrer Unflexibilität.

Wenn Sie sich also ein Wohnmobil anschaffen wollen, machen Sie es richtig: Verkaufen Sie Ihr Haus, kündigen Sie Ihre Wohnung und mieten Sie sich dauerhaft einen Stellplatz auf dem Campingplatz, wo Sie sich bis zu Ihrem Tod um absolut nichts mehr kümmern müssen. Kehrwoche, Schnee räumen, Einfahrt kehren? Vorbei! Sie sind frei! Endlich frei!

Eine Kreuzfahrt, die ist lustig ...

Das ist Ihnen dann doch etwas zu einschneidend? Wie wäre es stattdessen mit einer ausgedehnten Kreuzfahrt? Nur Karibik – oder darf's gleich einmal um die Welt sein?

So eine Kreuzfahrt hat ja ihre unschlagbaren Vorteile. Sie kriegen was von der Welt zu sehen, ohne wie so ein Backpacker-Hippie jeden Tag Ihre Sachen wieder zusammenpacken zu müssen. Die nassen Badesachen in einem Rucksack mit den frischen Schlüppern. Geht's noch? Nein! Sie bleiben stattdessen in Ihrer komfortablen Kabine – an das monotone Stampfen werden Sie sich mit der Zeit gewöhnen. Versprochen! Sie essen jeden Tag in einem anderen der 26 Bordrestaurants und bekommen doch täglich ein anderes Fleckchen Erde zu sehen. Kann es eine bessere Form des Urlaubs geben?

Kreuzfahrtschiffe werden mit hochgiftigem Schweröl angetrieben, machen durch den Over-Tourism ganze Landstriche kaputt und sorgen dafür, dass Flussbette und Uferregionen immer weiter ausgebaggert werden, sodass Welterbe-Städte wie Venedig langsam, aber sicher im Meer versinken? Wenn Sie so etepetete sind, dass Sie Kleinigkeiten wie diese nicht einfach ausblenden können, dann klicken Sie vielleicht mal in die ARD-Mediathek rein. *Länder - Menschen - Abenteuer* – fast so spannend wie eine Kreuzfahrt. Die obligatorische Lebensmittelvergiftung bleibt Ihnen allerdings erspart.

Lesen!

Sehr gut. Sie tun es ja schon. Lesen! Denn mal ehrlich: Lesen ist doch die einzig wahre Lebensbeschäftigung – egal zu welchem Lebensalter. Während andere um die Welt jetten, um Abenteuer zu inhalieren, versenken sich Leser in ein Buch und erleben für 12,99 Euro Welten und Wunder, dich sich andere auch für 12 999 Euro nicht kaufen könnten.

Gibt es ein größeres Glück, als sich mit einem guten Buch und einem Tee mit Schuss im Sessel einzukuscheln und stundenlang zu lesen? Jetzt haben Sie die Gelegenheit dazu! Die Kinder, die Sie dauern unterbrechen und dafür sorgen, dass Sie an der spannendsten Stelle den Faden verlieren: außer Haus. Der Job, der mahnt: »Geh ins Bett! Lies nicht noch dieses Kapitel fertig, fang nicht noch ein neues an. Du musst morgen früh raus und es ist schon drei nach zehn!« – finito! Es lebe das Rentnerdasein!

Sie haben's nicht so mit dem Lesen? Dann versuchen Sie es doch mit einem Hörbuch – so leicht kommen Sie hier nicht raus. Denn das ist ja das Schöne an Büchern: Es ist für jeden was dabei! Sie mögen es anspruchsvoll? Dann greifen Sie zu Musils *Mann ohne Eigenschaften*. Sie bleiben auf Seite 32 hängen? Keine Sorge – weiter ist sowieso noch kein Mensch gekommen. Wie wäre es stattdessen mit Rita Falk und ihrem Kommissar Eberhofer? Oder doch lieber was fürs Herz? Jojo Moyes – oder vielleicht Susan Elizabeth Phillips, wenn's ein bisschen prickeln soll?

Das ist Ihnen dann wieder zu seicht? Keine Sorge, wir finden schon was für Sie. Im Zweifel fragen Sie den Buchhändler Ihres Vertrauens – oder Sie schauen einfach, auf welcher Buchreihe Ihre Lieblings-Netflix-Serie basiert.

Ohne Buch kommen Sie hier nicht raus!

Folgendes Buch werde ich sofort lesen, sobald ich dieses wunderbare Machwerk fertiggelesen oder genervt zur Seite gelegt habe:

Ordnung muss sein

Da wir schon mal beim Thema Bücher sind: Die lassen sich zum Beispiel auch ganz hervorragend sortieren. Nach Farbe, Autorenname, Größe oder nach Kategorien, die nur Sie verstehen und die Ihre Besucher in den Wahnsinn treiben werden. Wie wäre es zum Beispiel mit Ihrer ganz persönlichen internen Rangfolge, wie gerne Sie das Buch gelesen haben?

Aber keine Sorge: Das Ganze lässt sich natürlich auch mit Schallplatten, Schuhen, Kleidung oder dem Gewürzregal umsetzen. Egal, was Sie ordnen und sortieren – folgende Arbeitsschritte sind dabei unverzichtbar:

- Wegwerfen – das herrliche Gefühl, überflüssige Dinge endlich losgeworden zu sein.
- Putzen – gibt es etwas Schöneres, als den jahrzehntealten Staub vom Majoranstreuer abzukratzen?
- Ordnen – diese geraden Linien, diese Harmonie – tief durchatmen und genießen!

Das Buch Ihres Lebens

Sie haben Ihre Schallplattensammlung und das Kosmetikregal schon dreimal durchsortiert, wie kämen Sie sonst auf die dämliche Idee, dieses Buch zu lesen?

Nun, wie wäre es, wenn Sie damit anfangen, Ihr Leben, Ihre Erinnerungen zu sortieren?

Schreiben Sie Ihre Biografie!

Kehren Sie zurück in Ihre früheste Kindheit, kramen Sie in alten Fotoalben, sprechen Sie mit Leuten, die noch älter sind als Sie. Bringen Sie Licht ins Dunkel Ihrer Vergangenheit und schreiben Sie Ihr eigenes Opus magnum.

Ihre Lebensgeschichte gibt nicht so wirklich das Material her für einen echten Reißer? Egal! Das hat bisher noch niemanden gestört. Beschreiben Sie 300 DIN-A4-Seiten in Schriftgröße 8 mit einfachem Zeilenabstand und beschenken Sie damit Ihre Anverwandten. Die werden sich bestimmt freuen.

EIN BUCH – OHNE SCHREIBEN

Jaja, schreiben kann ganz schön anstrengend sein. Das haben Sie auf Seite 3 jetzt auch gemerkt? Dann stellen Sie auf den einschlägigen Internetseiten wenigstens ein Fotoalbum Ihres Lebens zusammen. Das kostet mit so vielen Bildern 300 Euro? Wie viel ist Ihnen denn die Aufarbeitung Ihrer Vergangenheit wert?

Die Sache mit der Biografie hat Sie noch immer nicht überzeugt? Vielleicht schreiben Sie doch lieber einen Liebesroman? Oder einen Krimi? Dafür ist es nie zu spät. Theodor Fontane war zum Beispiel schon weit über 70, als er *Der Stechlin* schrieb. Und die Veröffentlichung ist heute kein so elender Kampf mehr, wie er es vor einigen Jahren noch war – werden Sie Ihr eigener Verleger und veröffentlichen Sie Ihr Buch im Selfpublishing als E-Book. Es klappt nicht mit dem Hochladen? Ihr Enkel hilft Ihnen dabei.

Glotze an!

Auch vom Schreiben konnte ich Sie nicht so recht überzeugen?

Okay, ich geb's auf. Hauen Sie sich vor die Glotze. Muss ja auch mal sein. So einen Tag. Oder eine Woche. Oder einen Monat. Hat ja heutzutage auch viel mehr zu bieten als früher, als es gerade einmal drei Programme gab. Heute mit den Mediatheken, mit Netflix, Amazon Prime, maxdome, TV+, Disney+, sky TICKET und wie sie sonst alle heißen, muss man sich auch vor dem Fernseher nicht langweilen. Vielmehr stellt sich Ihnen die Luxusfrage: Welche Serie binge ich als Erste durch? Wie beim Lesen gilt: keine Beschränkungen mehr durch minderjährige Mitbewohner, denen Sie durch exzessiven Fernsehkonsum kein schlechtes Vorbild geben wollen. Keine Arbeit mehr, die ruft und überhört werden will.

Wie wäre es, wenn Sie versuchen, sämtliche Marvel-Filme am Stück durchzuschauen? Das ist Ihnen zu modern? Wie wäre es stattdessen mit *Star Wars* – ja, das ist das, was Sie früher mal *Krieg der Sterne* genannt haben. Zu unromantisch? Okay, einigen wir uns auf *Fackeln im Sturm*!

Und mal ehrlich: Ein schlechtes Gewissen müssen sie deshalb nicht haben. Die Teenies hängen ja auch ständig bei YouTube, Insta, Facebook und Snapchat rum – was die können, das können Sie doch auch!

Ein zweiter Frühling

Aber jetzt machen wir die Glotze bitte noch einmal kurz aus!

Wussten Sie, dass einer Studie zufolge ein Drittel der Senioren mehr Sex hat als 20- bis 30-Jährige? Ich möchte Ihnen keinen Druck machen, aber das könnten Sie sein!

Natürlich muss man bei solchen Statistiken vorsichtig sein, schließlich wurden bei den 20- bis 30-Jährigen auch die ewigen Jungfrauen (m/w/d) mit eingerechnet, die mit 30 noch im Hotel Mama wohnen und nackte Haut nur aus der Dessous-Seite im Baur-Katalog kennen. Kleiner Scherz am Rand – diese Zeiten sind natürlich längst vorbei. Die heutige Jugend schaut natürlich Pornos noch und nöcher – und das können Sie jetzt auch.

Pornos, Sexspielzeug – ja, das ist inzwischen vor-20-Uhr-werbefähig. Lassen auch Sie sich darauf ein. Wann, wenn nicht jetzt?

Sie werden schon ganz rot? Gut, ich höre ja schon auf. Aber ich betone es mal wieder: Die Kinder sind aus dem Haus, der Body ist so hinüber, dass Sie sich sowieso keine Sorgen mehr machen müssen, ob irgendwo etwas hängt oder dellt, denn es hängt und dellt einfach überall – genießen Sie die Freiheiten, die sich Ihnen bieten, und tun Sie es *jetzt*!

Sie sind ohne Hälfte – besser oder schlechter lassen wir mal dahingestellt? Auch für Sie gibt es keine bessere Gelegenheit, als sich jetzt noch einmal umzuschauen. In den mittleren Jahren schleppte ja fast jeder potenzielle Partner so einiges an Altlasten mit – fiese Exfrau, nervige Kinder –, heute aber ist der Expartner vielleicht schon tot, die Kinder aus dem Haus. Werden Sie aktiv – schaffen Sie sich einen Hund an (siehe Seite 26) und lernen Sie Ihren Traummann respektive Ihre Traumfrau beim Gassigehen kennen oder melden Sie sich bei den einschlägigen Dating-Apps an. Das macht man jetzt nämlich übers Handy und nicht mehr übers Internet oder – wie altmodisch – über die Zeitung!

Spitze(ln)

Das ging Ihnen jetzt schon ein bisschen zu weit? Immerhin sind Sie *alt*? Dann habe ich etwas ganz Besonderes für Sie – einen zeitlosen Klassiker, der eigentlich immer geht. Also außer bei so richtig miesem Wetter, wenn es schneit und tropft und zieht – aber dann machen Sie das Ganze einfach durch die geschlossene Fensterscheibe und verzichten darauf, den Passanten Ihre gut gemeinten Ratschläge hinterherzurufen.

Sie ahnen schon, worauf ich hinauswill: Ja! Setzen Sie sich ans Fenster und schauen Sie, was in Ihrer Straße so passiert. Müller hat schon wieder auf dem Gehsteig geparkt? Huber hat mal wieder bei dem teuren Feinkostladen eingekauft – das Geld hätten Sie auch gern? Die Schneider hat ja Ihre Kinder überhaupt nicht im Griff? Die werfen einfach die Bonbonpapierchen auf den Gehweg? Wie wäre es, wenn Sie ein herzhaftes »Das gehört in den Mülleimer« aus dem Fenster brüllen?

Vielleicht werden Sie ja auch Zeug*in einer Straftat? Fahrerflucht womöglich? Sachdienliche Hinweise bitte an Ihre örtliche

Polizeidienststelle. Oder – Sie können Ihr Glück kaum fassen – Sie machen eine wichtige Beobachtung, die zur Lösung eines komplizierten Mordfalls beiträgt. Nur durch Ihre Hilfe gelingt es dem schneidigen Kommissar/der attraktiven Kommissarin, den lang gesuchten Mörder zu überführen. Und Sie? Ihr Gesicht landet auf allen Zeitungen – die Überschrift: »Aufmerksame*r Bürger*in löst Morderätsel«. Das bedeutet: Fanpost, Fernsehinterviews, vielleicht eine Autogrammstunde?

Was könnten Sie Besseres mit Ihrer Zeit anfangen, als am Fenster zu sitzen und hinauszustarren?

Eine ruhige Kugel schieben

Sie haben recht. Eigentlich könnte ich mir diesen Punkt auch sparen. Den Höhepunkt der Aktivitäten, mit denen Sie sich das Rentnerdasein versüßen können, haben wir mit dem gechillten Am-Fenster-Sitzen schon erreicht. Aber der Vollständigkeit halber muss ich es doch erwähnen. Was wäre das hier sonst für ein Survival Guide für Rentner?

Haben Sie es schon mit Boccia versucht? Natürlich nicht im heimischen Garten, das macht ja nur den Rasen kaputt. Aber so im Park mit ein paar Gleichgesinnten, dazu ein Zigarrchen, ein Zigarettchen – Ihre Generation ist ja die letzte, die noch weiß, wie man wirklich genießt. Sie haben das Rauchen aufgehört? Weise Entscheidung! Aber vermissen tun Sie es schon ein bisschen, oder?

Doch kein Boccia? Dann vielleicht Bridge? Skat? Schafkopf? Schach? Gerade Letzteres ist hervorragend für Ihre geistige Gesundheit. Zum Großmeister werden Sie es vermutlich nicht mehr schaffen – dafür ist man selbst mit 35 schon fast zu alt. Aber die alten grauen Zellen ein bisschen trainieren, antreiben, zum Hüpfen bringen, das wäre doch was, oder?

Der klassische Rentner spielt Schach natürlich ebenfalls im Park auf einem Feld mit den Ausmaßen eines Badezimmers, die Figuren so groß wie Ihr jüngstes Enkelkind. Wenn Sie dabei jedoch allzu schnell den Überblick verlieren, dürfen Sie auch am normalen Brett Platz nehmen.

Sie haben niemanden, der mit Ihnen spielt? Egal – wie gut, dass es Apps gibt. Da können Sie entweder gegen den Computer spielen oder gegen – die moderne Technik macht's möglich – echte Menschen vom anderen Ende der Welt. Und wenn Sie sich dabei von Ihren Enkeln filmen lassen und Ihre Züge langatmig erklären (das haben Sie als Rentner bestimmt drauf!), werden Sie möglicherweise die älteste E-Sportler*in Deutschlands. Wäre das nicht großartig?

Sie haben keine Lust, sich beim Spielen filmen zu lassen? Kein Problem. Dann können Sie statt Schach am Handy nämlich auch ganz problemlos heimlich Bubble Shooter zocken. Yeah! Wieder zwei Drachen befreit!

Läuft bei Ihnen!

SO JUNG, WIE MAN SICH FÜHLT

IHR KÖRPER

Erinnern Sie sich noch, wie zerfurcht Ihre Schwiegermutter aussah, als sie in Ihrem Alter war? Und Ihr Großvater konnte in diesem Alter nicht mehr aufrecht stehen. Kein schöner Anblick!

Er war zu diesem Zeitpunkt schon tot? Verzeihung, schlechtes Beispiel.

Aber das Schöne heutzutage ist ja: Durch eine hervorragende medizinische Versorgung steigt nicht nur ständig die Lebenserwartung, nein, auch der allgemeine Gesundheitszustand verbessert sich kontinuierlich. Während die Rentner von anno dazumal froh sein mussten, wenn sie mit dem Renteneintritt ihr Essen noch selbst schneiden und kauen konnten, könnten die heutigen Rentner ihr Essen noch selbst jagen – wenn sie denn müssten. Stattdessen machen sie Marathonläufe oder nehmen am *Ninja Warrior Germany* teil. Kurz und gut: Man ist so alt, wie man sich fühlt. Ist das nicht schön? Sie fühlen sich wie 40? Herzlichen Glückwunsch – Sie *sind* 40!

Sie fühlen sich nicht wie 40, nicht einmal wie 50 oder 60, sondern eher genau so alt, wie Sie wirklich sind? Eher noch ein paar Jährchen drauf, denn wenn Sie morgens aufwachen, spüren Sie nicht in sich hinein, was heute wieder wehtut, sondern fragen sich vielmehr, was *nicht* wehtut? Sehen Sie es positiv: Wenn Ihnen am Morgen die Beine schmerzen, wissen Sie immerhin, dass sie noch dran sind. Alles noch lebendig, Nerven intakt, um Schmerzsignale ans Gehirn weiterzugeben. Noch nichts abgestorben. Immer positiv denken!

Und das Schöne: In Ihrem Alter können Sie sich plötzlich Dinge einwerfen, von denen hätten Sie in jüngeren Jahren nicht einmal zu träumen gewagt. Was hatten Sie doch für Bedenken, nach einer durchgesoffenen Nacht auf die gereizte Magenschleimhaut noch eine Ibuprofen draufzuknallen. Doch was soll der Geiz? In Ihrem Alter geht es nicht mehr um Bestandserhalt. Und wissen Sie noch, wie Sie Ihren Arzt bearbeiten mussten, um ihm ab und an ein Rezept für die 800er Ibu aus dem Kreuz zu leiern? Darüber können Sie heute nur müde lächeln. Wenn Sie es heute richtig anstellen, landen jetzt Buprenorphin, Fentanyl, oder Hydromorphon auf dem Rezept. Gewusst, wie!

Ich soll die Sache bitte etwas ernster nehmen? Ja, Sie haben recht. Im Grunde ist der körperliche Verfall, dem Sie aktuell gegenüberstehen, ja wirklich nicht zum Lachen. Es fängt ja schon an mit den Vorsorgeuntersuchungen. Finger in den Po und bitte kurz husten? Sie können sich wirklich Erhebenderes vorstellen. Und die Damen lachen auch nur kurz schadenfroh – die kennen dieses Spiel ja schon viel länger. Der jährliche Abstrich bei der Frauenärztin, nun seit einigen Jahren auch die Mammografie, bei der die sowieso schon reichlich aus der Form geratene Brust plattgedrückt wird wie eine Flunder, ist nichts, auf das man sich freut.

Und darf es noch ein bisschen mehr sein? Dann gönnen Sie sich doch mal wieder eine kleine Darmspiegelung. So eine komplette Befreiung von allem inneren Ballast hat doch etwas ungemein Erleichterndes, oder?

Aber mal ehrlich: Wollen Sie manche Dinge wirklich so genau wissen? Und sollte der Arzt manche Dinge so genau wissen? Es reicht ja schon, dass er beim regelmäßigen Check Ihr stetig wachsendes Gewicht mit hochgezogenen Augenbrauen kommentiert. Da sollten Sie ihm vielleicht nicht auf die Nase binden, dass das »kleine Gläschen Rotwein«, das Sie sich abends beim Fernsehen angeblich gönnen und dem Mediziner gegenüber noch einräumen, eher ein halbes Fläschchen ist, vielleicht auch ein Dreiviertelfläschchen. Und der Sport, den Sie vorgeblich regelmäßig betreiben: Wollen Sie wirklich zugeben, dass das Schwimmen mit der Zeit einem Regelmäßig-ins-Dampfbad-Gehen gewichen ist?

Doch wer braucht überhaupt einen überkritischen Hausarzt, wenn er eine Hausapotheke hat, die ihm über die alltäglichen Wehwehchen hinweghilft und einen stärkt für die immer wiederkehrenden Kämpfe des Daseins? Immerhin wurde Ihre Großmutter 90, indem sie jeden Tag den einen oder anderen Schnaps getrunken hat – zur inneren Desinfektion, versteht sich. Und Ihr Nachbar hat sich bis ins hohe Alter mit einem Kippchen in den Garten zurückgezogen. Hat's ihm geschadet?

Über manche Dinge sollte man eben einfach den Mantel des Schweigens decken – zumindest soweit es möglich ist. Denn manche körperliche Gebrechen lassen sich irgendwann dann doch nicht mehr so gut ignorieren. Zum Beispiel das Nachlassen der Sehkraft …

Glücklich diejenigen, die das Schicksal schon in frühen Jahren mit einer Sehschwäche gesegnet hat. Die lassen sich auf Ihre Gläser jetzt noch etwas für die Alterskurzsichtigkeit draufmachen, und niemand merkt davon etwas. Wie bemitleidenswert allerdings jene, die auf Fragen nach ihrer Sehkraft immer mit »Wie ein Adler« geantwortet haben! Sie müssen sich nun eingestehen, dass dieser Adler ein sehr alter, sehr kurzsichtiger Adler geworden ist. Überall im Haus verteilen sich nun die Lesebrillen, die es in jedem Discounter für 2,99 Euro zu kaufen gibt – da lohnt es sich doch gleich, ein paar mitzunehmen. Komisch, dass Sie trotzdem keine finden, wenn Sie mal eine brauchen.

Huch, da ist sie ja! Auf Ihrer Nase!

Und seien Sie ehrlich: Mit dem Hören wird es auch nicht besser. Das liegt sicherlich zum Teil an einer immer lauter und hektischer werdenden Welt mit seltsamen Hintergrundgeräuschen und auch daran, dass so viele Menschen plötzlich die unerfreuliche Angewohnheit entwickelt haben, ihre Mitmenschen beim Reden nicht mehr anzusehen und einfach vor sich hin zu brabbeln. Aber blicken wir den Tatsachen doch ins Auge: Ihre Ohren waren auch schon besser in Schuss.

Vielleicht wird es doch mal Zeit für einen Besuch beim Ohrenarzt? Dann verstehen Sie auch endlich wieder, was Ihr Nachbar von Ihnen will, wenn er Sie am Gartenzaun wieder vollbrabbelt. In den letzten Jahren haben Sie sich ja damit beholfen, immer zu lächeln, zu nicken, auch wenn Sie nicht sicher sein konnten, zu was Sie da gerade Ihre Zustimmung ausdrückten.

Und das Schöne an so einem Hörgerät ist ja, dass es Ihnen die herrliche Möglichkeit gibt, auch einfach einmal abzuschalten, wenn um Sie herum alles wuselt und tobt und die Enkelkinder viel lauter sind, als das normale Kinder zu Ihrer Zeit waren.

Immerhin ist Ihnen ein Gebiss vermutlich bisher erspart geblieben. Das ist doch ein Grund zum Feiern! Ihre Großeltern – und vermutlich auch Ihre Eltern – haben in Ihrem Alter bereits die

Dritten im Glas auf dem Nachttischchen schlafen gelegt. Und erinnern Sie sich noch, wie das deutsche Fernsehen beherrscht wurde von Reinigungstabs und Haftcremes? Können Sie sich erinnern, wann Sie zuletzt eine Werbung für derartige Produkte gesehen haben? Ende der Beweisführung!

Was war das doch für eine Mischung aus ekelhaft und lustig, wenn Onkel Erhard beim herzhaften Lachen die Zähne fast aus dem Mund fielen – all das bleibt Ihnen heute erspart. Fühlt man sich da nicht so richtig im 21. Jahrhundert angekommen, wenn einem die künstlichen Zähne auf im Kiefer verankerte Edelstahlnoppen gedreht werden? Der Mensch der Zukunft ist ein Cyborg. Klar sind Sie inzwischen Dauergast beim Zahnarzt – weil diese Noppen eben doch nicht so gut halten, wie der Zahnarzt vollmundig verspricht. Oder es werden Hälse und Wurzeln behandelt, Brücken gebaut, eingepasst und wieder eingebaut, wenn sie wieder rausfallen, weil sie offenbar nicht so wirklich perfekt eingepasst waren. Kraftvoll zubeißen können Sie damit auch nicht so wirklich. Aber ein Gebiss, ein Gebiss haben Sie nicht! Und das ist doch was!

Auffälliger wird es dann, wenn den Extremitäten langsam die Kraft ausgeht. Davon, dass Ihre Kinder Ihnen im Restaurant Ihr Essen klein schneiden müssen, sind Sie zwar noch einige Jahre entfernt, aber die Zeiten, in denen Sie ein dünnes Fädchen innerhalb von Sekundenbruchteilen durch jedes noch so kleine Nadelöhr befördert haben (ohne Anlecken!), sind vorbei – und das liegt nicht nur an den Augen.

Und auch die Knie werden mit der Zeit immer wackliger. Die Treppenstufen, die Sie früher drei Stufen auf einmal nehmend hochgeflogen sind, schaffen Sie heute im besten Fall, ohne zwischendurch kurz Pause zum Durchschnaufen machen zu müssen.

Der Einsteigertipp, um diese Schwäche zu kaschieren: Schaffen Sie sich einen Regenschirm an. Als zeitlos elegantes Accessoire ist er immer an Ihrer Seite, wenn die Kräfte doch einmal nachlassen und Sie eigentlich 20 Minuten in einem großen, weichen Sessel bräuchten, um die letzten Reserven zu mobilisieren. Nur regnen darf es nicht …

Ein Regenschirm reicht für Ihre Bedürfnisse nicht mehr aus? Dann ist es mit einem Spazierstock auch nicht mehr getan. Blicken Sie den Tatsachen ins Auge und schaffen Sie sich einen Rollator an. Der hat im Idealfall nicht nur ein kleines Körbchen, in das Sie all die kleinen Dinge legen oder stellen können, die Sie beim Transportieren in letzter Zeit viel zu häufig fallen gelassen haben (und nicht mehr aufheben konnten! Ach, der Rücken!), sondern auch eine Sitzfläche, auf die Sie sich setzen können, sobald Sie Ihr Ziel erreicht haben. Ich verspreche Ihnen: Nicht wenige Ihrer Mitmenschen werden neidisch auf Sie sein.

Aber mit dem Rollator bin ich vermutlich ein bisschen übers Ziel hinausgeschossen. Ich sehe Ihnen doch an: Sie sind noch topfit, jugendlich, höchstens 56. Elastisch, biegsam, voller Saft und Kraft. Wie haben Sie es nur geschafft, so früh verrentet zu werden? Gehen Sie also weise mit den Kräften um, die Ihnen verbleiben, und stellen Sie sich selbst kein Bein, indem Sie es maßlos übertreiben und sich beim Marathon einen Überlastungsbruch zuziehen oder im Haushalt reichlich Stolperfallen aufstellen und sich so selbst zum vorzeitigen Invaliden machen. Ich wiederhole noch einmal: Die meisten Unfälle passieren nun mal im Haushalt.

Verdammt, wer hat denn das schon wieder hierhingestellt?

Ups, waren wohl Sie selbst.

WIE FUNKTIONIERT DAS NOCH MAL?

DIE LIEBE TECHNIK

Angst vor der Technik? Nein, die haben Sie niemals gekannt. Sie haben noch das Bügeleisen repariert, als andere gesagt haben: »Das lohnt sich nicht. Kauf dir doch einfach ein Neues.« Sie haben es auseinandergenommen, gelötet, geschraubt, gedreht und haben jenes unglaubliche Glücksgefühl empfunden, das einen erfüllt, wenn man geschafft hat, etwas mit den eigenen Händen zu reparieren – zumindest bis es bei der nächsten ausdauernden Benutzung dann komplett den Geist aufgibt.

Doch jetzt: Sie wissen gar nicht, wann und wie es passiert ist, langsam schleichend oder über Nacht. Aber mit einem Mal wird Ihnen bewusst: Sie und die Technik, diese magische Beziehung – die ist gar nicht mehr so, wie sie früher einmal war.

Das fängt schon damit an, dass Ihr Handy immer, aber auch wirklich immer kaputtgeht, sobald Sie sich wenigstens ein kleines bisschen daran gewöhnt hatten. Nachdem Sie endlich begriffen haben, wie man einen personalisierten Hintergrund einrichtet, einen (hört, hört!) Screenshot macht und an die Verwandtschaft weiterschickt, und herausgefunden haben, in welchem Ordner die Dateien, die Sie herunterladen, denn nur landen. Doch dann: neues Handy und das ganze Spiel von vorne.

Wenigstens kommen Sie mit WhatsApp einigermaßen zurecht. Denn das – von wegen Rentner stehen dem Fortschritt komplett blind gegenüber – ist wirklich eine Errungenschaft. Mussten Sie früher die komplette Verwandtschaft durchtelefonieren, um mitzuteilen, dass Großpapas Gallen-OP gut verlaufen war, erstellen Sie heute einfach nur eine entsprechende Gruppe, um die frohe Botschaft auch gleich unters Volk zu bringen. Und da braucht sich keiner mehr beschweren, dass er erst nach der Tante Christa angerufen worden ist.

Doch das ist noch längst nicht alles. Kennen Sie diese witzigen Videos, die man sich da hin- und herschicken kann? Singende und auf dem Klavier herumhüpfende Mäuse zum Geburtstag? Oder diese lustigen Weihnachtsvideos, bei denen man sein Gesicht hineinkopieren und als Weihnachtself durch die Gegend tanzen kann? Nicht, dass Sie das allein hinkriegen würden – da müssen Ihre Enkelkinder Ihnen dabei helfen. Aber der Knaller sind diese Videos schon. Es vergeht kein Tag, an dem Sie Ihre Abkömmlinge in der Familienchatgruppe nicht damit erfreuen. Dass Ihre Kinder schon einen eigenen Chat ohne Sie gegründet haben – das wissen Sie glücklicherweise nicht …

Und dann die sozialen Medien. Was für eine Errungenschaft! Dabei standen Sie Facebook ja zunächst sehr kritisch gegenüber. Datenkrake und so. Aber das ist es Ihnen wert! Hier können Sie sich endlich mit Gleichgesinnten über all die Dinge austauschen, die Ihnen so richtig die Nase hochgehen. Ein Artikel über ein Thema, das Ihnen so ganz und gar nicht passt? Ein saftiger Wut-Post ist schnell getippt – ja, die moderne Technik hat durchaus auch ihre guten Seiten …

IHR SOCIAL-MEDIA-VERHALTEN IM CHECK

Sie sind ...

... *auf Facebook?* Herzlichen Glückwunsch. Sie gehören hiermit offiziell zum alten Eisen. Die Plattform befindet sich unübersehbar auf dem absteigenden Ast. Statt 14 Stunden wie 2017 sind User heute nur noch neun Stunden im Monat online – was will man da auch, nachdem die Seite (nicht nur für Rentner) unglaublich unübersichtlich geworden ist, noch dazu zugemüllt mit Werbung? Aber ich weiß. Es ist so anstrengend, sich wieder in etwas Neues eindenken zu müssen.

... *auf Instagram?* Wie schön, der Zug hat Sie noch nicht ganz abgehängt. Allerdings muss man sagen: Die herrlichen Einblicke, die Facebook zu geben vermochte, finden sich hier nicht mehr. Wenn Sie versuchen, Ihre Enkel hier zu stalken, stoßen Sie nur auf belanglose »Stories« oder »Reels«, unterlegt mit noch belangloserer Musik, die Ihnen vor Fremdscham die Röte ins Gesicht treiben. Cringe! (Das würden Ihre Enkelkinder jetzt sagen!)

... *TikTok?* Whaaat? (O-Ton/Digital Natives) Wie haben Sie das denn geschafft? Da hat Ihnen aber jemand geholfen, oder? Freuen Sie sich nicht zu früh. Die nächste Plattform, auf die alle ausweichen, nachdem Sie die andere entdeckt haben (von verstanden soll hier gar nicht die Rede sein), steht schon bereit ...

Aber damit hört es mit den positiven Seiten der neuen Technik auch schon auf – auch wenn Ihre Enkelkinder Sie ständig bearbeiten, doch Insta-Oma zu werden. »Influenser« nennen sie das auch.

Im Grunde sollen Sie als Influencer genau die Sachen machen, die Sie eigentlich sowieso schon den ganzen Tag machen: viel zu viel reden – und zwar über Dinge, von denen die heutige Generation gar keine Ahnung mehr hat. Wie man zum Beispiel Socken stopft, einen Schweinebraten richtig zubereitet oder einen Reifen wechselt. Oder Sie reden – ein bisschen nörglerisch, ein bisschen lustig – darüber, was früher alles besser war. Dass man nämlich viel weniger Fleisch gegessen hat, nicht weil man es nicht wollte oder – Gott bewahre! – Vegetarier, Veganer oder Frutarier war, sondern weil das Fleisch einfach zu teuer war, um es sich täglich zu gönnen. Oder wie Sie, bis Sie volljährig waren, mit Ihrem kleinen Bruder in einem Zimmer geschlafen haben – weil einfach nicht mehr Platz war. In einem Zimmer übrigens ohne Heizung. Das fällt heutzutage ja fast unter Kindesmisshandlung.

Erzählen könnten Sie als Influencer wirklich den einen oder anderen Schwank aus Ihrer Jugend. Aber wer hört sich denn so was an? Wer setzt sich denn vor sein Handy und seinen Computer und lässt sich stundenlang von wildfremden Leuten, die nicht einmal berühmt sind, mit belanglosem Scheiß überhäufen? Das macht doch kein vernünftiger Mensch, oder?

Aber zurück zur Technik. Denn die ist nämlich, seitdem Sie den neuen Fernseher gekauft haben, Ihr offizieller Feind. Früher hatte das Kästchen, also der Drücker – na, wie heißt's denn? –, ach, die Fernbedienung Knöpfe für die Programme, für die Audioeinstellungen, für Untertitel, für den Videotext, Knöpfe für »laut« und »leise«, für »Stopp«, »weiter« und »zurück« und noch ein paar grüne, rote, blaue und gelbe, bei denen Sie nicht wussten, wofür die gut sind, von denen Sie also entsprechend tunlichst die Finger gelassen haben. Heute hat Ihre Fernbedienung einen Kreis. Punkt. Ja, einen Kreis. Die Verkäuferin im Elektroladen hat gemeint: »Das ist total intuitiv. Da gewöhnen Sie sich dran.«

Stimmt nicht. Sie schauen seit drei Monaten nur noch RTL II.

Und auch sonst gibt es plötzlich so viel zu merken. Zum Beispiel in Sachen Onlineshopping. Dabei ist der Versandhandel durchaus kein Neuland für Sie. Jahrzehntelang haben Sie dem Baur-, dem Schwab- oder dem Otto-Katalog entgegengefiebert, um dann mit penibler Genauigkeit, die Bestellziffern in den beiliegenden Bestellschein einzutragen. Und noch dreimal kontrolliert: Stimmt die Nummer auch? Ist das dann auch die Hose in Beige und nicht in Khaki? Hab ich auch ganz sicher die Größe nicht vergessen?

Heute geht alles digital – und plötzlich will jeder ein Passwort von Ihnen. Und weil Sie gehört haben, dass man bitte nicht den Fehler machen soll, einfach nur 1234! zu nehmen – oder überall das gleiche Passwort (und auf keinen Fall die PIN Ihrer EC-Karte) –, haben Sie angefangen, all Ihre Passwörter fein säuberlich in ein kleines Notizbüchlein einzutragen. Für otto.de, amazon.de, lidl.de, aldi.com, zalando.de, bauhaus.de, real.de und wie sie nicht alle heißen. Das Problem dabei: Genauso wie Sie wissen, dass man die Bank-PIN nicht gemeinsam mit der Karte aufheben soll (am besten soll man sie sich natürlich merken, aber wo käme man denn da hin?), ist Ihnen natürlich auch bewusst, dass Sie das Heftchen mit Ihren Passwörtern nicht einfach so herumliegen lassen sollen. Also haben Sie es versteckt. Und zwar sehr gut. Seien wir ehrlich: zu gut! Ein Trost: Es kann auf Ihren Namen niemand mehr etwas bestellen.

Auch Sie nicht …

Ähnlich ernüchternd: Wenn Sie irgendwo in der Öffentlichkeit einen Bildschirm bedienen müssen. Zu Ihrer Zeit lief das Ganze ja meist ganz mechanisch ab, ohne, wie der Fachmann sagt, optisches Interface. Für alle Laien: ohne Bildschirm. Geld einschmeißen, drücken, fertig. Klar musste man ein bisschen gegen den Kasten donnern oder das Geld so lange am Gehäuse wetzen, bis der Apparat geneigt war, die Münze auch wirklich zu schlucken, aber zu deuteln gab es da nicht viel.

Jetzt fängt es ja schon damit an, dass Sie sich dadurch blamieren, dass Sie nicht erkennen, ob etwas nun ein normaler Bildschirm ist oder ein Touchscreen. Ganz schön peinlich, wie Sie neulich an der Bushaltestelle auf dem Bildschirm des Kartenautomaten hin- und her- und rüber- und runtergewischt und das Scheißteil verflucht haben, nur um dann von einem naseweisen Sechstklässler, der kurz gelangweilt von seinem Smartphone aufblickte, darauf hingewiesen zu werden: »Das ist kein Touchscreen. Den bedient man über die Knöpfe unterm Bildschirm.«

Das hat Ihnen nur bedingt geholfen, weil Sie sich in dem Menü so ganz und gar nicht zurechtgefunden haben. Das war zwar total quietschbunt und hübsch und ansprechend und Sie haben sich allein vom Anschauen schon gleich richtig gut gelaunt gefühlt. Wie man sich dort aber einen Einzelfahrschein für den dritten Ring zieht, das haben Sie auch nach zehn Minuten intensiven Studiums nicht verstanden. Dann kam der Bus – sind Sie eben schwarzgefahren. Man muss einfach Prioritäten setzen.

Von Ihrer neuen Mikrowelle wollen wir gar nicht erst reden! Früher hatte so ein Ding drei Bedienelemente: zwei Räder, das eine für die Zeit, das andere für die Wattzahl – wenn einem das zu kompliziert war, konnte man sich auch ein Modell kaufen, auf dem einfach nur Stufe 1 bis Stufe 6 stand – und den Knopf zum Türöffnen. An ging das Ding nämlich von ganz alleine. Solche Geräte gibt es heute offenbar nicht mehr zu kaufen. Stattdessen hat Ihre neue Mikrowelle jetzt unzählige Knöpfe, verfügt über Grill, Heißluft, Umluft, einen Dampfgarer. Alles schön und gut – wenn Sie es nur endlich schaffen würden, das Ding auch einzuschalten!

Ihre Dose Linsen machen Sie jetzt einfach wieder auf dem Herd warm.

ESSEN WIE EIN SCHAF
ERNÄHRUNG FÜR ALTE

Apropos Mikrowelle und Linsen – auch Ihr Essverhalten ist im Begriff, sich zu verändern – oder hat das möglicherweise bereits getan. Ist Ihnen schon aufgefallen, wie sehr Ihre Bereitschaft geschwunden ist, »groß« zu kochen?

Wie anders war das noch, als regelmäßig das ganze Haus voll war – als nicht nur zwei Erwachsene und diverse Kinder bekocht werden mussten, sondern auch deren Partner/Schulfreunde/Gastschüler/Nachhilfelehrer. Erinnern Sie sich noch an die Zeiten, in denen Sie dachten, das Kühlschranklicht sei möglicherweise defekt, schließlich strahlte Ihnen kein sonniges Leuchten mehr entgegen, wenn Sie die Kühlschranktür öffneten, sondern Sie glotzen vielmehr in dämmrige Finsternis? An der Glühbirne lag's nicht. Vielmehr war der Kühlschrank derart bis zum obersten Rand vollgestopft, um all die hungrigen Mäuler satt zu bekommen, die sich bei Ihnen um den Küchentisch versammelten, dass sogar das Kühlschranklicht dadurch verdeckt wurde …

Stundenlang standen Sie in der Küche, rührten, schnippelten, wuschen, kochten, buken. Wenn der Durchschnittsdeutsche fünf Stunden pro Woche mit Kochen und Broteschmieren verbringt, dann sind das bei Ihnen bestimmt acht – beziehungsweise waren es, denn die Zeiten des großen Kochens sind, bis auf ein paar Ausnahmefälle (siehe Seite 21), vorbei. Auch wenn Sie nicht allein wohnen, kochen Sie nämlich nur noch in den seltensten Fällen für zwei, denn das Alter – unschönes Wort, nennen wir es vielleicht besser: die Reife – hat Sie kompromisslos gemacht. Dass Sie Dinge einfach nur essen, weil sie den anderen schmecken: Das gibt's bei Ihnen nicht mehr. Jetzt kommt nur noch auf den Tisch, was Sie wirklich mögen. Wenn Sie schon Kalorien zu sich nehmen, dann nur welche, die Ihnen auch schmecken.

Denn der Körper verändert sich. Körperfettanteile von unter 20 Prozent, mit denen Sie in Ihren besten Zeiten die Nachbarschaft neidisch gemacht haben, gehören heute der Vergangenheit an. Muskeln schwinden, und damit sinkt Ihr Energieverbrauch. Das heißt: Portionen, die Sie früher gerade so durch den Tag gebracht haben, ohne ohnmächtig auf den Treppenstufen zusammenzusinken, machen Sie heute schon fett. Gleichzeitig ist Ihr Bedarf an Nährstoffen, also an Eiweiß, Vitaminen und Mineralstoffen, gleich geblieben.

Was das bedeutet? Früher haben Sie eine Pizza gegessen. Die hatte – die Zahlen stimmen natürlich nicht, es geht nur um das Rechenbeispiel – 100 Energieeinheiten, außerdem enthielt die Pizza 25 »sinnvolle Nährstoffe«-Einheiten. Wenn Sie jetzt aber weniger Energieeinheiten essen müssen, damit Sie nicht aufgehen wie John Travolta in seinen »besten« Zeiten, gleichzeitig aber die Nährstoffe weiter hochhalten wollen, dann müssen Sie plötzlich viel gesündere Sachen essen. Verrückt, oder?

Und das heißt nicht, dass Sie sich jetzt ein bisschen Artischocken und Paprika auf eine etwas dünner ausgerollte Pizza streuen. Hier muss grundsätzlich umgedacht werden. Sie müssen plötzlich Obst essen. Täglich. Und in reichen Mengen. Die Himbeere auf der Mousse au Chocolat ist definitiv nicht genug. Dazu Gemüse. Und Ballaststoffe. Was das ist? Auf jeden Fall stecken die nicht in Toastbrot, Pfannkuchen und Waffeln. Es sind die Teile der Ernährung, die vom Körper nicht verdaut werden können, die eigentlich also »Ballast« darstellen, die aber dafür sorgen, dass der Darm etwas zu tun hat und in Bewegung bleibt. Ohne sie droht Ihnen etwas, worunter viele Rentner leiden: Darmträgheit und auf lange Sicht Verstopfung. Denn wenn die Muskeln nicht mehr so gut funktionieren, dann wird auch das Essen im Darm eher schlecht als recht weitertransportiert. Fehlt dann noch die rechte Menge Ballaststoffe, wird es – Vorsicht, Kalauer – noch härter. Dazu trägt noch ein weiteres Problem bei: Senioren trinken zu wenig.

Ein Blick in Ihr Altglaskörbchen zeigt, dass dem nicht so ist? Und Sie können sich nicht erinnern, wann ein Kasten Bier bei Ihnen länger als eine Woche gereicht hat? Nun ja, vielleicht trinken Sie ja von den *richtigen* Sachen zu wenig. Lassen Sie doch Ihren Blick kurz schweifen und hin zum Kasten Wasser wandern, der da hinten in der Ecke, verdeckt vom Kasten Bier, vor sich hin staubt. Wie lange haben Sie da schon keinen neuen gebraucht?

Forscher haben nämlich herausgefunden, dass im Alter das Durstgefühl langsam nachlässt. Aber keine Sorge, die fünf Liter Quellwasser, die die *Brigitte* Ihnen in der Blüte Ihrer Jahre empfohlen hat, um die Haut schön straff zu halten, müssen Sie in Zukunft nicht täglich hinunterstürzen. Die WHO empfiehlt 1,5 Liter – und da dürfen Sie Ihr tägliches Bier durchaus auch mit reinrechnen.

Aber zurück zum Essen, denn Ernährung im A..., äh, in den goldenen Jahren des Lebens birgt durchaus noch weitere Tücken. Offenbar entwickeln viele Menschen auf ihre alten Tage hin noch diverse Nahrungsmittelunverträglichkeiten.

Ja, das sind die Dinger, die Sie immer erfunden haben, wenn Sie bei Freunden eingeladen waren und diese widerlich stichfeste Pannacotta nicht für Geld in sich hineingelöffelt hätten. Doch da sagt man nicht wie eine Dreijährige: »Bäh, das mag ich nicht.« Sondern ganz reif, wie echte Erwachsene das tun: »Gekochte Milch, nee, das vertrag ich mit meiner Galle leider, leider nicht.«

Doch jetzt im Alter sind sie echt und wirklich da: Nahrungsmittelunverträglichkeiten. Sie bekommen vom Rotwein und gut gereiften Käse plötzlich Ausschlag und der Hintern juckt und brennt? Herzlichen Glückwunsch – Sie haben eine Histaminintoleranz. Nach Kuchen, Keksen, Brötchen tut Ihnen der Magen weh? Möglicherweise haben Sie eine Glutenunverträglichkeit – der Fachbegriff heißt »Zöliakie«; den sollten Sie wissen, wenn Sie beim Krankheiten-Battle mit Leidensgefährten auftrumpfen wollen –, vielleicht aber haben Sie auch Glück und sich nur mal wieder überfressen. Aber sicher ist in Ihrem Alter nichts mehr!

Dazu kommt, dass sich manche der Medikamente, die Sie jetzt einnehmen müssen, möglicherweise so ganz und gar nicht mit Ihrem Verdauungstrakt vertragen. Wenn Sie, seitdem Sie das neue Herzmittel bekommen, nicht mehr aufs Klo können, dann ist es Zeit, Ihren Arzt oder Apotheker zu Risiken und Nebenwirkungen zu befragen.

Jaja, offenbar sollten Sie Ihrer Ernährung ein ganzes Stück mehr Aufmerksamkeit widmen. Zeit dafür haben Sie ja jetzt genug. Lesen Sie sich ein, machen Sie sich Gedanken und informieren Sie Verwandte, Freunde und Nachbarn ausführlich über Ihre Verdauungsprozesse – ein Thema, das für Sie derart interessant ist, kann doch für die Ihnen Nahestehenden (und Nahe-wohnenden) nicht bedeutungslos sein.

Was Sie allerdings nicht tun sollten – dieser Hinweis noch einmal zur Sicherheit: das Mehr an Zeit nun mit Essen zu ver-bringen. Vielmehr sollten Sie darüber nachdenken, ob Sie nicht etwas in Ihr Leben lassen, von dem Sie bisher nur mit Kopf-schütteln in den einschlägigen Illustrierten gelesen haben: Din-ner-Cancelling.

Nein! Das hat nichts mit irgendwelchen Kanzlern zu tun, son-dern mit »canceln«: absagen …

Liebes Dinner (so nennt man bei den coolen Amis das Abendessen),

ich muss dir heute leider absagen. Ich habe nämlich etwas Besseres vor: nichts essen und hungrig den Darstellern im Fernsehen auf den Teller starren …

Allerdings sagen Sie nicht nur heute ab, sondern so zwei- bis dreimal die Woche, je nachdem, für wie nötig Ihr Arzt es hält. Nein, Ihre Meinung zählt in diesem Fall nicht.

Vom Abendessen die Finger zu lassen – das ist für Sie so absolut gar keine Option? Gibt es denn etwas Schöneres, als nach des Tages Last an den Esstisch zu sinken und mit reich-lich Soulfood wenigstens etwas Ausgeglichenheit in sein Leben hineinzufuttern?

Wie wäre es stattdessen damit, das Mittagessen einfach wegzulassen? Gewöhnen Sie sich an, morgens so richtig aus-giebig zu frühstücken. Das heißt wohlgemerkt nicht Weißwürste mit Brezen und drei Weizen oder Baked Beans mit Würstchen, Eiern und – es lebe die doppelte Fleischbeigabe! – Speck, sondern zum Beispiel ein schönes ausgewogenes Müsli. Haferflocken, Obst, Nüsse, probiotischer Joghurt (für die Verdauung!) und Honig – gibt es etwas Besseres, um damit in den Tag zu starten? (Also außer Weißwürste oder Baked Beans?)

Und das ist so reichhaltig, das hält *bestimmt* bis zum Abendessen vor!

Tut es.

Natürlich nicht.

Damit Sie sich schon einmal darauf einstellen können: Bis etwa elf Uhr vormittags wird es Ihnen (je nachdem, wann Sie aufstehen, aber ich sage nur: senile Bettflucht) einigermaßen gut gehen, aber dann setzt der Hunger ein. Um 14 Uhr nachmittags können Sie Ihrem Körper mit einer Tasse schwarzem Kaffee etwas Ablenkung vom Rumoren in Ihrer Magengrube geben, der hofft, wenigstens etwas Milch oder Zucker darin zu finden. Doch spätestens ab 15 Uhr setzen das große Zittern und der kalte Schweiß ein. Nur noch zwei Stunden, dann haben Sie's geschafft. Länger als bis 17 Uhr aufs Abendessen zu warten, ist nämlich fortan nicht mehr drin.

Aber was tut man nicht alles für seinen Körper. Man will ja auf sich achten …

Der kleine Ernährungs-Guide für Golden Ager

Was Sie fortan lassen sollten	Der gesunde Ersatz dafür
Ein ganz normaler Wochentag, 21 Uhr, Sie hängen vor der Glotze und in Ihrem Bauch ist da dieses seltsame Gefühl. Hunger ist es nicht. Vielleicht Appetit? Ob Sie nicht einen Blick in den Kühlschrank werfen sollten?	Nein! Wenn Sie müde sind, sind Ihre inneren Widerstandsmechanismen besonders schwach ausgeprägt. Öffnen Sie die Kühlschranktür gar nicht erst, sondern legen Sie sich bereits im Voraus einen appetitlich angerichteten Apfel bereit.
Grillen bei den Nachbarn. Auf dem Rost zischt es schon verführerisch. Herrlich tropft das Fett in die Glut. Zischhhh. Ahhhh!	Lassen Sie die Finger vom Fleisch, halten Sie sich an die Salate. Dieser Karotten-Apfel-Salat sieht doch … äh … herrlich aus. Für die gesunden Fette sorgt eine Avocado. Aber bitte ohne Mayo.
Das Wandern ist des Rentners Lust. Und das Schönste daran: die abschließende Einkehr beim Wirt bei Schweinebraten und Bier … Herrlich!	Verzichten Sie auf das Einkehren. Essen Sie einen Apfel.
Sommerzeit – Schwimmbadzeit. Ob mit Enkeln oder nicht – heute gönnen Sie sich eine schöne Tüte Pommes. Und darf's danach vielleicht noch ein Eis sein? Ein klitzekleines?	Nein! Und das mit den Pommes lassen Sie auch gleich sein. Schnippeln Sie sich bereits daheim ein Schälchen Obst vor, um nicht in Versuchung zu kommen. Wie wäre es zum Beispiel mit einem Apfel?

WILL MAN NOCH AUF SICH ACHTEN?

ÄUßERLICHKEITEN

Und damit wären wir auch schon bei der Gretchenfrage angekommen. Wie halten Sie es so mit den äußerlichen Werten? Beziehungsweise: Wann ist es eigentlich ein Problem geworden, so alt auszusehen, wie man ist?

Während im zarten Alter von 14 alles danach gedrängt hat, älter auszusehen, was die jugendlichen Herren mit einem spärlichen Schnauzbart, die Damen mit einem Hauch zu viel Make-up unterstrichen haben, ist es, spätestens seit Sie 30 sind, durchaus kein Kompliment mehr, so alt auszusehen, wie Sie wirklich sind – vor allem für die Damenwelt. Welche Frau hat die Nacht – je nach Charakterlage weinend oder fluchend – nicht schon einmal damit zugebracht, über ihr Aussehen zu klagen, nachdem jemand die Unverschämtheit hatte, sie nicht mindestens fünf Jahre jünger zu schätzen?

Deshalb gilt ja auch deutschlandweit für Alterseinschätzungen bei Frauen die Regel: Bei jeder Altersschätzung mindestens fünf Jahre abziehen. Sieht jemand besonders alt aus, dürfen Sie daraus auch gerne zehn bis fünfzehn Jahre machen. Wichtig:

Heucheln Sie überraschte Ungläubigkeit, sobald das richtige Alter erwähnt wird.

GEHEIMTIPP!

Eine junge Dame ist dabei, die offensichtlich das Kind der besagten Dame ist? Besonders gut macht sich in diesem Fall folgender Spruch: »Und das ist Ihre kleine Schwester, oder?« Damit machen Sie sich bei der Tochter zwar keine Freunde – aber einen Tod müssen Sie sterben ...

Bei Männern ist es dann noch einmal eine andere Sache. Während Männer wie guter Wein im Alter ja bekanntlich immer besser werden, werden Frauen mit dem Alter einfach nur älter. Dieser Spruch ist nicht von mir, sondern eine von vielen Unverschämtheiten, die der Volksmund zu diesem Thema hervorgebracht hat. Deshalb dürfen Sie hier bei Ihren Schätzungen ruhig ehrlicher bleiben – allerdings sollten Sie dennoch nie über die 70 hinausgehen. Sondertipp: Streuen Sie Vergleiche mit Sean Connery, Paul Newman oder – in jüngeren Fällen – George Clooney ein. Ja, auch wenn es offensichtlich ein fetter, glatzköpfiger George Clooney ist.

Aber noch einmal zurück zur Frage: Wann ist es eigentlich ein Problem geworden, so alt auszusehen, wie man ist? Dass dem so ist, verrät ein Blick in die Werbung für Pflegeprodukte für Menschen Ihres Alters. Denn mal ernsthaft: Ist da überhaupt jemand in Ihrem Alter dabei? Nein, oder? Stattdessen: lauter, ranke, schlanke, babypopoglatte, grau gefärbte 45-Jährige. Geht's noch?

Es fängt ja schon in Sachen Figur an: Wann, wenn nicht jetzt, darf's denn endlich etwas mehr sein? Das haben Sie sich doch verdient, endlich ein bisschen weicher und wabbeliger zu werden. Vor allem weil das Fett ja einen unschlagbaren Vorteil hat: Es glättet! Richtig dünn zu sein, sieht ja im Grunde nur bei jungen Menschen gut aus – im Alter dagegen, wenn die Haut trotzdem schlaff und faltig wird und ohne die rechte Portion Unterhautfettgewebe nur so an einem herumschlabbert, kann ein kleiner Überschuss an Fett einen gleich – nein, nicht zehn Jahre jünger, aber: um Welten besser aussehen lassen. Haben Sie schon einmal den alten, im süddeutschen Raum verbreiteten Spruch gehört: »Von hinten Lyzeum, von vorne Museum?« Dann wissen Sie ja, was ich meine.

Weiter geht der Beautydruck bei den Haaren. Denn grau sein – ja, das darf frau in der Werbung nur, wenn es darum geht zu zeigen: Also die da – die ist jetzt so *richtig* alt. Ansonsten ist diese Farbe auf weiblichen Köpfen aus der Öffentlichkeit weitestgehend verschwunden – außer natürlich frisch gebleicht auf dem Kopf von 20-jährigen Hipstern. Alle anderen rennen selbst im hohen Alter noch alle drei Wochen zum Färben – längere Abstände sind nicht möglich, weil der Ansatz sonst allzu weiß schimmert –, anstatt anzunehmen, was Mutter Natur ihnen da für ein wundervolles Geschenk macht: wundervolle Strähnchen. Und das für lau! Man muss das Ganze nur aus dem richtigen Blickwinkel betrachten.

Als Mann haben Sie dieses Problem glücklicherweise nicht – graue Schläfen gelten als Zeichen von Kompetenz und Lebenserfahrung. Wobei: Ganz so scheint es heutzutage doch nicht mehr zu sein. Wie sonst lässt sich erklären, dass auf den Straßen immer mehr Männer mit offensichtlich schlecht gefärbten Haaren herumlaufen? Der Ex-Kanzler hat es schließlich vorgemacht. Mein Appell an Sie: Verspielen Sie den Vorteil, den Sie gegenüber der Damenwelt haben, nicht leichtfertig. Sonst rennen Sie auch mit 70 alle drei Wochen für 50 Euro zum Ansatzfärben.

Und als Mann haben Sie ja durchaus andere Probleme: Ich sage nur: lichtes Haar. Sie sind groß? Herzlichen Glückwunsch. Wenn Ihnen niemand auf den Kopf sehen kann und keiner die immer größer werdende lichte Stelle auf Ihrem Hinterkopf sieht, dann existiert das Problem auch nicht. Für alle, die weniger Glück gehabt haben: Schieben Sie den Haarausfall aufs Testosteron. Offenbar pulsiert in Ihren Adern der Hormoncocktail eines wilden Barbaren – und der sorgt dafür, dass Ihnen die Haare allzu früh ausfallen. Wissenschaftler haben zwar zeigen können, dass das vermutlich nicht so ganz stimmt – aber so schnell lassen sich jahrzehntelange Ammenmärchen nicht abschaffen.

Das reicht Ihnen nicht? Dann umarmen Sie Ihre wachsende Glatze und geben Sie ihr den Raum, den sie verdient: Rasieren Sie sich kahl. Denken Sie nur an Charakterköpfe wie Kojak, Pierluigi Collina, Bruce Willis oder Vin Diesel – in diese Reihe könnten Sie sich einreihen! Trauen Sie sich!

Doch während Ihre Glatze im besten Fall makellos glänzt wie eine frisch polierte Billardkugel, tut die Haut am restlichen Körper das durchaus nicht. Es fing ganz schleichend an, mit kleinen zarten Fältchen in den Augenwinkeln, schließlich kamen die auf der Stirn dazu, ab einem gewissen Alter waren da plötzlich jene Linien, die sich mit Ihrer ganz normalen Mimik gar nicht mehr begründen lassen – oder wie erklären Sie sich diese schrägen Falten auf Ihren Wangen? Aber egal – wer über seine Falten nachgrübelt, riskiert nur noch tiefere Furchen. Deshalb auch hier die ultimative Erkenntnis zum Umarmen: Falten sind das Ergebnis eines gelebten Lebens und vieler glücklicher Stunden. Zumindest die Lachfalten in den Augenwinkeln – wobei die auch das Ergebnis ausgedehnter Hochgebirgstouren sein können, bei denen Sie die Augen ganz fest zusammenkneifen mussten. Aber Sie wissen schon, was ich meine!

Schwieriger wird es dann bei der nörglerischen Falte zwischen den Augenbrauen oder bei den Marionettenfalten, die den sowieso schon mürrisch nach unten zeigenden Mundwinkel nach unten verlängern. In diesem Fall haben Sie im Grunde drei Optionen.

Option 1: Lassen Sie sich liften, botoxen oder fillern. So oft, bis – Stufe 1 – Ihre Haut aussieht wie eine Mischung aus Pergament und Butterbrotpapier und – Stufe 2 – Ihre Enkelkinder Sie nicht mehr erkennen. Stufe 3 ist erreicht, wenn auch Sie selbst sich im Spiegel nicht mehr erkennen. Andererseits geht das auch vielen Ihrer nicht gelifteten Mitrentner so, wenn sie noch ganz zerknittert am Morgen in den Spiegel schauen. Außerdem kann das auch ein Zeichen von Altersdemenz sein und muss gar nicht an Ihrer Haut liegen. Alles im grünen Bereich also – mehr oder weniger.

Option 2: Gehen Sie mit Cremes, Ampüllchen und Seren gegen den schleichenden Verfall vor. Welche Sie nehmen sollen? Schauen Sie entweder eine Stunde um die einschlägigen Rentnersendungen herum fern (das müssen nicht unbedingt ARD und ZDF sein – auch die Privaten haben ein paar tolle Sendungen im Programm, in deren Umfeld Sie sich hervorragend über die aktuellen Creme-Trends informieren können) und decken Sie sich ein mit allem, was die Kosmetikindustrie aktuell so hergibt – und das ist so einiges: Hyaluron, Collagen, Niacinamid, aber auch Elektrolyte wie Kalzium, Kalium und Magnesium sowie Antioxidantien – Lichtschutzfaktor nicht vergessen. Das reicht Ihnen noch nicht? Eine Gesichtsbürste, um abgestorbene Haut zu entfernen, haben Sie bestimmt schon, oder? Wie wäre es jetzt mit einem Jade-Roller oder chinesischen Gua-Sha-Steinen, um die verbleibende, noch nicht ganz tote Haut zu massieren?

Option 3: Wieder einmal der Weg der Akzeptanz. Nehmen Sie Ihre Falten an und versuchen Sie, das Positive daran zu sehen. Werden Sie wie Walter Matthau – das Knautschgesicht par excellence – und genießen Sie das Gefühl, mit Ihrem Gesicht endlich echte Mimik zeigen zu können – und tun Sie das auch. Lassen Sie Ihre Gesichtszüge entgleisen, wann immer Ihnen danach ist. Ihre Enkelkinder werden es lieben!

Apropos positiv sehen: Das gilt auch für alle Anforderungen, die die Mode an Sie stellt – oder eben nicht mehr stellt. 15-Zentimeter-Hacken vertragen sich so gar nicht mehr mit der Arthrose in der großen Fußzehe? Muskelshirts haben Sie zuletzt in Ihren wilden Dreißigern ohne Scham-Attacken tragen können und der aktuelle Bauchfrei-Trend war nicht einmal in den Neunzigern eine Option für Sie? Scheiß drauf! Denn das muss nicht heißen, dass Sie sich fortan nur noch in Schlammfarben hüllen müssen. Picken Sie sich einfach aus dem weiten Feld der Modetrends das heraus, was Ihnen gerade passt. Birkenstock ist zum Beispiel aktuell voll im Trend. Unlängst hat der Luxusgüterkonzern LVMH, zu dem auch Givenchy, Marc Jacobs oder Bulgari gehören, die Übernahme des rheinischen Schuhherstellers verkündet. Wenn das mal nicht der ultimative modische Ritterschlag ist. Ihre Füße sind schon mal gerettet. Dazu kommen Trends wie Oversize, Boyfriend- oder Baggy-Jeans, die Sie bis ins hohe Alter auch mit ganz üblen Problemzonen tragen können.

Oder stehen Sie über Modetrends? Ihre Problemzonen sind Ihnen herzlich egal – die Zeiten sind vorbei, in denen Sie sich von anderen haben sagen lassen, ob Sie gut aussehen oder nicht? Herzlichen Glückwunsch – und doppelt scheiß drauf. Tragen Sie in diesem Fall am Strand selbstbewusst Speedo und Bikini, statt sich – auch die Herren – in schmeichelhafte Kaftane zu wickeln. Was soll der Geiz? Und seien wir ehrlich: Potenzielle Geschlechtspartner locken Sie nicht mehr durch körperliche Attraktivität an, sondern durch Charme, Humor, Altersweisheit – oder nennen wir es besser: Erfahrung – und möglicherweise finanzielle Anreize. Da darf die Wampe durchaus ein bisschen über den Hosenbund hängen.

Das ist ja das Schöne am Altern: Ihre inneren Schatzkammern sind nun so gut gefüllt – da brauchen Sie keine äußerliche Schönheit mehr, um über eine möglicherweise vorhandene innere Leere hinwegzutäuschen …

FREUNDSCHAFTEN IN ZEITEN DER ALTERSDEMENZ

WIDER DIE ALTERSEINSAMKEIT

Ihre inneren Werte kennen nicht nur Sie, sondern auch Ihre Freunde – wenn Sie denn noch welche haben. Studien zufolge finden wir ab einem Alter von 28 Jahren nur noch schwer neue Freunde. Und im Schnitt geht ab 30 alle fünf Jahre ein Freund verloren. Zählen Sie Ihre Freunde mal nach. Reicht eine Hand? Brauchen Sie überhaupt noch mehr als einen oder zwei Finger?

Die Gründe für diesen Freundesschwund sind vielfach. Natürlich sind die Freunde, die Ihnen auf dem Weg verloren gegangen sind, nicht alle eines jähen, tragischen Todes gestorben. Nein. Aber Umzüge, Jobwechsel, Kinder sorgen dafür, dass der Kontakt zu den Freunden, die nicht mit umgezogen, die im alten Job oder kinderlos geblieben sind (oder die so schreckliche Kinder bekommen haben, dass Sie für sich die Entscheidung getroffen haben, dass keine Freundschaft es wert ist, *diese* Kinder zu ertragen – und sei es nur einen Nachmittag alle fünf Monate!), abreißt.

Dazu kommt, dass auch Sie mit den Jahren nicht einfacher werden. Im Kindergarten, in der Schule oder im Studium freundeten Sie sich mit Leuten an, weil der- oder diejenige neben Ihnen saß oder Ihnen etwas von seinem Essen abgab. Heute scheint wiederum das Entfreunden oft ebenso schnell zu passieren: Manchmal reicht es schon, das Falsche zu essen, um Grundsatzstreitigkeiten vom Zaun zu brechen und einer jahrelangen Freundschaft ein abruptes Ende zu setzen.

5 DINGE, AN DENEN SIE ERKENNEN, DASS SIE MIT DEM ALTER GANZ SCHÖN SCHWIERIG GEWORDEN SIND

- Zu den Müllers gehen Sie nicht mehr. Bei denen zieht es immer so.
- Von dem billigen Rotwein, den Gerlinde immer anbietet, bekommen Sie Sodbrennen.
- Sie fragen sich, warum es bei Schneiders immer nur Fleisch, Fleisch, Fleisch gibt.
- Sie ärgern sich, dass nie jemand mit Ihnen über Ihre Lieblingsthemen, Schamanismus und Numerologie, diskutieren will.
- Sie würden sowieso lieber zu Hause bleiben und fernsehen.

Welch harte Arbeit Freundschaften sein können – das wissen Sie also vermutlich aus eigener Erfahrung. Sie haben es durchlebt, überstanden und dennoch ein paar Freunde behalten? Herzlichen Glückwunsch. Oder eher doch nicht? Mit Freunden alt zu werden, hat einen entscheidenden Nachteil: Forscher haben nämlich ebenfalls zeigen können, dass uns das Altern der Menschen um uns herum sehr unangenehm ist, und zwar – das hätte uns vermutlich auch ein Dümmerer erzählen können – weil uns deren Älterwerden an die eigene Vergänglichkeit erinnert.

Deshalb werden Moderatoren im Fernsehen ja auch regelmäßig ausgetauscht, sobald man ihnen ansieht, dass sie möglicherweise doch nicht mehr so ganz taufrisch sind. Nur nicht die Zuschauer daran erinnern, dass sie selbst nicht mehr Mitte 20 sind …

Doch trotz dieses winzig kleinen Nachteils, dass alte Freunde uns auf unser eigenes Altern aufmerksam machen: Freundschaften sind schon etwas Schönes. Mit wem sollten Sie sonst in Erinnerungen an Ihre wilden Jugendjahre schwelgen oder politische Diskussionen vom Zaun brechen? Ihre Kinder haben darauf ja so was von gar keine Lust. Und gibt es etwas Schöneres, als zu allen runden Geburtstagen witzige Einlagen einzustudieren, um den Lieben eine Freude zu machen. Was? Gerd wird demnächst schon 70? Haben wir nicht gerade erst Dagmars 65. gefeiert? Jaja, in Ihrem Alter muss man die Feste feiern, solange man noch kann …

ÜBERLEBEN AUF KLASSENTREFFEN

Klassentreffen gelten übrigens nicht als Treffen mit Freunden. Wenn Sie wirklich weise sind, gehen Sie da überhaupt nicht hin. Sie können nur verlieren. Egal, wie gut Sie sich gehalten haben. Für die andern werden Sie im Vergleich zu Ihrem 15-jährigen Ich sowieso alt aussehen.

Andererseits ist so ein Klassentreffen natürlich eine großartige Gelegenheit, um seiner Schadenfreude mal wieder richtig freien Lauf zu lassen. Gerda ist schon zum fünften Mal geschieden? Klar, die war schon immer ein Flittchen. Der fesche Armin, der Ihnen immer die flottesten Bienen vor der Nase weggeschnappt hat, ist jetzt ein haarloser, zahnloser Greis? Ha! Die ehemalige Überfliegerin Petra hat gerade mal wieder Privatinsolvenz anmelden müssen? Da lacht doch Ihr schwarzes Herz! Und für Sie selbst gilt: Lügen Sie, bis sich die Balken biegen. Die Idee für den Neunzigerjahre-Kult-Werbespot »Mein Haus, mein Auto, meine Frau« kam dem verantwortlichen Marketingleiter bestimmt bei einem Klassentreffen, als es mal wieder darum ging, wer denn eigentlich den längsten ... also den dicksten, ah ja, Geldbeutel hat.

Aber seien wir ehrlich: Diejenigen, denen es so richtig schlecht geht und um die es Ihnen eigentlich geht, kommen sowieso nicht – im besten oder schlimmsten Fall sind sie sogar schon tot. Deshalb bleiben Sie am besten doch einfach zu Hause.

Oh nein. Was sehe ich da?

Haben Sie etwa jenen Zeitpunkt erreicht, an dem der Schwund alle fünf Jahre die Anzahl der Freunde mit 30 übersteigt? Sie haben gar keine Freunde? Dann wird es Zeit, etwas dagegen zu unternehmen! Schaffen Sie sich einen Hund an (siehe Seite 26). Wie schon in jüngeren Jahren Kinder sind sie jetzt hervorragend, um mit den Nachbarn ins Gespräch zu kommen und so neue Kontakte zu knüpfen.

Das ist Ihnen zu viel Gehaare und Gesabber? Machen Sie einen Koch-, Töpfer- oder Tranchierkurs.

Oder Sie machen es sich leicht. Ihnen bleibt immer noch die liebe ... Verwandtschaft!

FAMILIENFREUDEN

NOCH MEHR SOZIALE KONTAKTE

Das Schöne an Verwandtschaft ist: Man hat sie einfach. Wenn Sie das Einzelkind von zwei Einzelkindern sind, dann dürfen Sie an dieser Stelle ein paar Tränchen verdrücken und weiterblättern auf Seite 73 – oder sogar auf Seite 89, wenn Sie selbst auch keine Kinder haben. Alle anderen freuen sich jetzt gemeinsam über Menschen in ihrem Leben, die zu erringen sie absolut nichts tun mussten ...

Verwandtschaft – Teil 1

Eltern, Tanten, Geschwister ...

Der Kontakt ist irgendwie eingeschlafen – aus demselben Grund, aus dem Sie auch keine Freunde mehr haben: Irgendwann war in Ihrem eigenen Leben so viel zu tun, dass Sie sich nicht noch um das der anderen kümmern konnten. Dazu kommt, dass, wenn bei vier Geschwistern, die alle wiederum drei Kinder bekommen, die dann wieder zwei Kinder in die Welt setzen, nach Adam Riese bei einem stinknormalen Geburtstag mit einem Mal

40 Personen am Tisch sitzen – die Partner noch nicht einge-rechnet! Da lädt man dann doch irgendwann etwas zurückhal-tender ein.

Der Kontakt ist also aus vielerlei Gründen eingeschlafen, doch kein Problem: Das Gute bei Verwandten ist ja, dass man sich bei der problemlos auch erst nach Jahrzehnten wieder melden kann. Zur Not berufen Sie sich auf das alte »Blut ist dicker als Wasser«-Mantra. Wer wird Ihren Avancen da widerstehen können? Mel-den Sie sich also bei der weit entfernten Cousine, die Sie seit 40 Jahren nicht gesehen haben. Sie wird sich freuen. Vielleicht haben Sie sie auch noch nie gesehen? Weil der Großonkel ver-stoßen wurde oder es nicht schnell genug aus der BRD in die DDR oder umgekehrt geschafft hat? Kein Problem! Betreiben Sie Ahnenforschung und schließen Sie schon bald Verwandte, von denen Sie noch gar nichts wussten, in die Arme. In 90 Prozent der Fälle freuen sich die frischgebackenen Verwandten genauso wie Sie über den Familienzuwachs – vorausgesetzt, diese sind auch alt und einsam und haben nichts Besseres zu tun!

Und dann geht es erst richtig los. Beglücken Sie Ihre ge-liebten Anverwandten mit Ihrer selbst geschriebenen Biografie (siehe Seite 32) oder einem liebevoll selbst zusammengestellten Fotoalbum mit den herzigsten Schnappschüssen aus Kindheit und Jugend und schwelgen Sie gemeinsam in Erinnerungen: »Haha. Weißt du noch?« Weiß natürlich keiner mehr – das Ge-dächtnis lässt schließlich mit dem Alter immer mehr nach.

Doch – nein!

Erstaunlicherweise können Sie sich an Ihre Kinder- und Ju-gendjahre mit überraschender Klarheit erinnern, während das, was vor zehn oder zwanzig Jahren geschehen ist, in einem selt-sam milchigen Nebel verschwimmt. Ist das noch normal oder schon Altersdemenz? Ich kann Sie beruhigen: Diese Amnesie liegt daran, dass uns Dinge, die wir mit besonderen Emotionen verbinden – besonders mit Emotionen, die wir zum ersten Mal erleben –, besser im Gedächtnis bleiben als jene, die uns mit relativer Gleichgültigkeit erfüllen. Und mal ehrlich: Wann haben Sie sich mehr gefreut? Als Sie zum ersten Mal in Ihrem Renault Alpine mit 115 PS gesessen haben oder als Sie den 55. Geburtstag Ihrer Frau gefeiert haben?

Achten Sie übrigens, wenn Sie in den Erinnerungen schwelgen, darauf, dass die nachfolgende Generation nichts von Ihren Jugendstreichen mitbekommt. Wie wollen Sie sonst erklären, wie wahnsinnig witzig es war, damals »mit acht Mann im Auto und mindestens zwei Promille ohne Licht durch den Staatswald nach Hause zu heizen«? Oder wissen Sie noch, damals, als Sie so besoffen waren, dass Sie sich beim Heimfahren mit dem Auto dreimal überschlagen, das Auto trotzdem noch heimgefahren, in der Garage geparkt und am nächsten Morgen verwundert gejammert haben: »Oh mein Gott, was ist denn mit meinem Auto passiert?«

Sie sehen schon: Ihre Jugend- und Kindheitserinnerungen sollten den Kreis der unmittelbar Beteiligten nicht verlassen.

Doch wie sieht es eigentlich in Ihrer Verwandtschaft mit der Generation über Ihnen aus?

Ihre Eltern leben noch? Perfekt!

Sie werden von Ihnen gepflegt? Noch besser!

Dann haben Sie den ultimativen Freibrief, um sich so richtig, richtig jung zu fühlen. Während andere Ihre Eltern schon vor 20, wo denke ich hin, 30 Jahren verloren haben, zählen Sie mit noch lebenden Eltern zu den ganz jungen Hüpfern unter den Rentnern (Ihre Eltern sind schon längst tot? Oh! Dann mein herzliches Beileid – blättern Sie bitte weiter zum nächsten Abschnitt) und können sich fortan kleine, aber feine Scherze gönnen wie »Da muss ich erst meine Mutter fragen«, wenn Sie irgendwohin eingeladen oder um Ihre Meinung gebeten werden.

Doch im Ernst: Pflegebedürftige Eltern sind die Ausrede für alles. Freunde wollen Sie überreden, an einer überteuerten, absolut überflüssigen Kreuzfahrt teilzunehmen? »Oh nein, wer soll sich da um meinen Vater kümmern?« Sie wollen eigentlich schon seit Jahren mehr Sport treiben – na ja, eigentlich wollen Sie nicht, aber Sie sollen … also sagen Sie: »Ich würde ja gerne, aber neben meinen Eltern bleibt für so was keine Zeit.« Die örtliche Grundschule sucht engagierte Senioren, die ehrenamtlich in der Mittagsbetreuung aushelfen, und Sie haben so absolut keine Lust, sich mit den verzogenen Blagen der anderen herumzuschlagen? »Die Pflege meiner Mutter ist leider ein Fulltime-Job.«

Tja, was soll man da machen?

Verwandtschaft – Teil 2

The next Generation

Wenden wir uns einem Teil der Verwandtschaft zu, den zu bekommen möglicherweise doch etwas mehr Eigenanstrengung notwendig war: Ihren Kindern.

Jahrelang haben Sie Windeln gewechselt, Vokabeln abgehört, sind mitten in der Nacht aufgestanden, um Ihren mehr als nur angesäuselten Nachwuchs ins Auto zu packen und vom Feuerwehrfest nach Hause zu kutschieren. Sie haben beim ersten Liebeskummer mitgeheult, seltsam verschmutzte Bettlaken wieder und wieder gewechselt und ein Zimmer akzeptiert, in dem man leicht und locker Radieschen hätte säen können. Und nun sind Ihre Kinder weg – aus dem Haus! Und Sie sind frei.

Frei.

Frei.

Jetzt haben Sie zwei Möglichkeiten:

Weg 1: Lassen Sie los

Und zwar so richtig los. Sie haben sich lange genug um all die kleinen und großen Belange der Frucht Ihrer Lenden gekümmert. Die ist jetzt groß genug, volljährig – womöglich schon ziemlich lange Zeit – und nun selbst am Ruder und am Drücker. Hören Sie sich ruhig die Sorgen Ihrer Kinder an, diskutieren Sie mit, aber vergessen Sie nicht: Das sind nicht Ihre Sorgen! Sie können – wenn von den Kindern gewollt, hinterfragen Sie auch das kritisch, denn manchmal brauchen Ihre Kinder vielleicht einfach nur jemanden, der zuhört – mit Rat und Unterstützung und gegebenenfalls auch mit Tat zur Seite stehen, aber machen Sie die Sorgen Ihrer Kinder nicht zu Ihren eigenen. Sie haben Ihre eigene To-do-Liste, die Sie abgehakt haben oder immer noch abhaken. Und jetzt sind Ihre Kinder dran.

Das ist durchaus nicht leicht. Loszulassen. Zu sehen, wie Ihr Murzelpurzel plötzlich haushohen Problemen gegenübersteht, und nicht helfend einzugreifen. Aber nur, wenn Sie einen Schritt zurücktreten, hat Murzelpurzel auch die Chance zu wachsen.

Mensch, das war jetzt richtig dramatisch und ernsthaft, oder? Aber der Punkt ist auch wichtig – sonst sitzen Sie mit 80 noch über der Steuererklärung Ihres Sohnemanns und versuchen, ihm über Ihre Verbindungen im Kegelverein einen neuen Job zu besorgen.

An Ihnen liegt's nicht – Ihre Kinder lassen einfach nicht los? Sie rufen an und fragen: »Soll ich schon Reifen wechseln oder noch ein bisschen warten?« – »Mache ich beim Schweinebraten eigentlich den Deckel auf den Bräter oder nicht?« – »Wie misst man den Ölstand beim Auto?« – »Was mache ich eigentlich mit diesem Versicherungsverlauf, den die Deutsche Rentenversicherung mir geschickt hat?«

Keine Sorge! Sie haben bei der Erziehung nichts falsch gemacht. Haben Sie schon mal von den sogenannten Entwicklungsaufgaben gehört? Im Laufe seines Lebens gibt es verschiedene »Aufgaben«, die ein Mensch bewältigen muss, um ein erfülltes Leben führen zu können. Die meisten dieser Aufgaben beziehen sich auf das Kindes- und Jugendalter – es gibt aber auch welche für Erwachsene. Interessanterweise lauten die dann nicht »Heiraten, Haus bauen, Kinder bekommen«, sondern es gibt das Prinzip der »Weitergabe von Wissen« – meistens an seine Kinder, aber es geht eben allgemein um die nächste Generation. Wenn Sie also die Anrufe Ihrer Kinder weiterhin entgegennehmen, die Fragen beantworten und alles genau erklären,* dann geben Sie Ihr Wissen an die nächste Generation weiter

---

* Die Antworten wussten Sie bestimmt. Sie lauten:
1. Bei den Reifen gilt: »Von O bis O« – also erst von Ostern bis Oktober wird mit Sommerreifen gefahren. Ja, auch wenn im Februar die Sonne schon runterknallt.
2. Nein. Der Schweinebraten soll ja gebraten und nicht geschmort werden. Also Deckel runter.
3. Auto mindestens eine Stunde stehen lassen, damit das Öl sich setzen kann. Motorhaube öffnen (dazu gibt es im Fußraum des Autos in der Regel einen Hebel) und den Stab vorsichtig entnehmen und Ölstand schnell checken, bevor das Öl verlaufen kann. Befindet sich die Öllinie zwischen den beiden Kerben auf dem Stab, muss kein Öl nachgefüllt werden.
4. Durchlesen und mithilfe hoffentlich noch vorhandener Unterlagen die Daten abchecken. Und wenn alle paar Jahre wieder der Wisch kommt: wieder abgleichen. Manchmal bauen die gewitzten Mitarbeiter der DRV neue Fehler ein – haben vermutlich sonst keinen Spaß im Leben.

und erfüllen damit Ihre vorletzte Entwicklungsaufgabe mit Bravour. (Die letzte ist übrigens, dem Tod ohne Angst zu begegnen – aber das ist eine andere Geschichte.)

Wichtig jedoch: Drängen Sie Ihre Hilfe nicht auf. Die Fenster in der Wohnung Ihres Kindes sind so schlecht – oder gar nicht? – geputzt, dass Sie kaum durchschauen können? Sparen Sie sich Kommentare und nehmen Sie auf keinen Fall das Problem selbst in die Hand! Beißen Sie sich eher die Zunge ab, als Ihren Nachwuchs darauf hinzuweisen, dass die Toilette auch mal eine Putzeinheit benötigen könnte. Und wenn Ihre Kinder nicht anrufen – dann telefonieren Sie Ihnen auf keinen Fall hinterher. Nein, auch nicht, wenn der Sohn Ihrer Nachbarin mindestens einmal täglich anruft und Sie vor Neid fast zerfließen. Atmen Sie tief ein, machen Sie sich bewusst: »Meine Kinder haben sich perfekt abgenabelt und stehen mit beiden Beinen in der Welt. Das ist meine große Leistung. Darauf kann ich stolz sein.«

Das schaffen Sie einfach nicht? Dann okkupieren Sie die Kommunikationskanäle der Jugend. Stellen Sie sich dumm und lassen Sie sich vom Nachwuchs zu WhatsApp »überreden«. Fragen Sie ganz unbedarft: »Wäre so ein Gruppenchat vielleicht was für uns?«, und profitieren Sie fortan von den zahlreichen Kontrollinstrumenten, die die modernen Medien heutzutage mit sich bringen – zum Beispiel die Anzeige, wann Ihr Kind zuletzt online war. Das spart Ihnen zumindest schon mal die Nachfrage »Lebst du eigentlich noch?« (wobei es natürlich sein kann, dass jemand Ihr Kind ermordet und sein Handy geklaut hat – aber halten Sie sich an die Regeln der Wahrscheinlichkeit).

Und noch ein Hinweis zum Thema Kommunikation: Ihre Kinder ignorieren Ihre Anrufe nicht etwa, weil sie Sie abgrundtief hassen, sondern weil diese Form der Kommunikation heutzutage einfach unüblich ist (nein, »out« sagt heute keiner mehr! Tun auch Sie das nicht!). Einfach aus heiterem Himmel von jemandem überrascht werden und mit ihm sprechen zu müssen – geht's noch? Wie übergriffig! Gewöhnen Sie sich stattdessen an, minutenlange Sprachnachrichten zu schicken. Das ist der *State of the Art*. Vertrauen Sie mir!

Dieses ganze Loslass-Gehampel ist so absolut gar nichts für Sie? Ihr ganzer Körper tut Ihnen weh, wenn sie daran denken, Murzelpurzel endlich Ihrem Klammergriff entkommen zu lassen? Nun gut, dann müssen Sie wohl Weg 2 beschreiten …

Weg 2: Ich liebe dich. Verlass mich nicht.

Sie lieben Ihr Kind? Dann ist es ja mehr als selbstverständlich, dass Sie sich ständig fragen, was Ihr Kind denn gerade so macht, wie es ihm geht, was es vorhat. Sollte sich Ihr Kind querstellen und die gewünschten Informationen nicht schon proaktiv zur Verfügung stellen, greifen Sie zu Vorwürfen: »Der Franz meldet sich jeden Tag bei seiner Mutter.«

Franz ist übrigens das Nachbarskind, das auch immer viel bessere Noten geschrieben hat als Ihr Kind. Das haben Sie Ihrem Kind auch gesagt: »Nimm dir doch ein Beispiel am Franz.« Wenn Ihr Kind das jedoch getan hat und indirekt forderte – »Der Franz fährt jetzt auch Moped« –, dann haben Sie geantwortet: »Und wenn der Franz aus dem Fenster springt, springst du dann hinterher?«

Aber wo waren wir stehen geblieben?

Stellen Sie darüber hinaus Ihrem Single-Kind detaillierte Fragen zu seinem Intimleben. »Hast du schon jemand kennengelernt?« sollte spätestens die zweite Frage bei jedem Telefonat sein. Ihr Kind ist bereits verpartnert? Hervorragend. Das bietet Ihnen einen großen Schatz an Vergleichsmöglichkeiten und Vorwürfen: »Ach, an Heiligabend bei *seiner* Familie und erst am ersten Weihnachtsfeiertag bei uns? Wie soll ich das verstehen?«

Ergreifen Sie auch in allen anderen Lebensbereichen jede Gelegenheit, Ihrem Kind reinzureden (ein unerschöpfliches Thema sind auch die Enkelkinder – dazu im nächsten Kapitel ausführlich) und für Ihre Dienste einzuspannen. Hier ein kleines »Best of« für den Einstieg:

Schenken Sie Ihrem Kind Geld. Das ist nicht nur eine großzügige Geste, sondern bietet Ihnen die hervorragende Möglichkeit, immer wieder nachzufragen, wie es das Geld denn jetzt angelegt hat, und ständig mit neuen Anlagetipps auf der Matte zu stehen. *Ihr* Geld soll ja auch anständig investiert werden.

Rufen Sie Ihr Kind an: »Hast du der Tante Christa schon zum Geburtstag gratuliert? Da musst du aber schon anrufen!«

Geben Sie Ernährungstipps. Wenn Sie vorbeikommen, bringen Sie einen Korb Obst mit. In diesem Haus gibt es ja offenbar nie etwas Gesundes zu essen.

(Genauso wirksam: Bringen Sie Kaffee mit, wenn Sie zum Kaffeetrinken eingeladen sind. Der Kaffee hier schmeckt ja wohl einfach nur grausam.)

Lassen Sie Ihre Kinder für sich schuften. Das ist nämlich schlecht für Ihren Rücken – und wie lange haben Sie den Kindern das Spielzeug hinterhergetragen? Legen Sie also eine lange Liste an, wenn Ihr Nachwuchs wieder einmal vorbeikommt. Computer richten, schwere Dinge heben, Lampen anschließen. Ihnen fällt schon was ein. Fortgeschrittene heben für Ihren Nachwuchs ein paar besonders knifflige Anrufe bei Behörden auf.

Großartig, um Ihr Kind enger an sich zu binden, ist es auch, ein Gefühl der Minderwertigkeit bei Ihrem Nachwuchs zu wecken und zu nähren. Gerade bei den Mädchen (denn das bleibt Ihr Kind – auch mit bald 38) ist es besonders einfach. Kommentieren Sie einfach jede körperliche Entwicklung mit einer kritischen Bemerkung. »In die Hose hast du aber auch schon mal besser gepasst.« – »Deine Haare solltest du mal nachfärben.« – »Na, jetzt kriegst sogar du schon Falten.« Ein Trick, der dagegen bei den Jungs immer zieht: Kritisieren Sie handwerkliche Leistungen – indem Sie feststellen, ohne zu werten: »Ah, du hast gestrichen ...«, »Hast du selbst gepflastert?« oder einfach nur: »Ihr habt euch ein neues Auto gekauft?« Die Stille nach so einer Bemerkung wird Ihr nach Anerkennung gierendes Kind geradezu verrückt machen.

Und wenn Sie sich beim Nachwuchs in Sachen Kritik ausgetobt und verausgabt haben, bieten die Partner reichlich Ansatzpunkte. Analysieren Sie die grundsätzliche Frage, ob der Typ, den Ihre Tochter da angeschleppt hat, auch gut genug für Ihre Prinzessin ist (Sie müssen diese Frage auch nach zehn Jahren noch nicht abschließend beantwortet haben), in allen Facetten. Varianten wären zum Beispiel: Verdient der Schwiegersohn auch gut genug? Kriegt der die Reifen regelmäßig gewechselt? Oder braucht er vielleicht einen Hilfshandwerker, der hinter ihm her arbeitet und die Rasenkanten wirklich ordentlich schneidet, während er im Büro ist?

Eine Schwiegertochter macht es Ihnen als Schwiegermutter nicht weniger leicht. Enkel sind natürlich das beste Mittel, um weiterhin rege am Leben Ihres Nachwuchses beteiligt zu sein und fleißig weiter reinreden zu können (siehe nächstes Kapitel). Alternativ können Sie sich ständig Sorgen machen, ob »die« Ihren Sohnemann auch wirklich gut genug versorgt.

Kocht und putzt »die« auch ordentlich? Machen Sie Druck, dass aus der Schwiegertochter auch die perfekte Frau und Mutter wird, die Ihr Murzelpurzel verdient. Aber aufgepasst. Der Schuss kann auch nach hinten losgehen. Am Ende macht »die« plötzlich alle Arzttermine für Ihren geliebten Mäusepups aus – dabei war das doch seit 35 Jahren Ihre Aufgabe. Oder – noch schlimmer – sie zwingt ihn, das plötzlich *selbst* zu machen … Oje!

Verwandtschaft – Teil 3

Ohhhh! Ein Baby!

Eigentlich war es doch ganz schön, all das hinter sich zu haben: die durchwachten Nächte, ausgelaufene Windeln, vollgekotzte T-Shirts, grundloses Heulen. Dennoch soll es ja Eltern geben, die ihren Nachwuchs geradezu bedrängen, sich endlich ebenfalls fortzupflanzen. Die Gründe? Kaum verständlich. Möglicherweise Langeweile? In diesem Fall sei Ihnen das Kapitel »Was soll ich denn jetzt mit all der Zeit anfangen?« (ab Seite 16) besonders ans Herz gelegt. Und bedenken Sie: Wenn Ihr Nachwuchs Nachwuchs bekommt, dann sind Sie … ein Opa, verheiratet mit einer Oma (oder umgekehrt). Wollen Sie das wirklich?

SIE HABEN KEINE ENKELKINDER?

Dann dürfen Sie hier getrost weiterblättern bis auf Seite 89, nur diesen Kasten müssen Sie noch lesen, denn: Auch wenn Sie Ihre Gene nicht an eine übernächste Generation weitergegeben haben, werden Sie, wenn die Falten tiefer und die Haare grauer werden, von Kindern als »Oma« oder »Opa« angeredet werden. »Was macht die Oma da?«

Machen Sie sich bewusst: Das heißt nicht, dass Sie auch wie eine Oma oder ein Opa aussehen. Für solche Knirpse sind ja 35-Jährige schon alt. Atmen Sie also tief durch, verkneifen Sie sich den Hinweis darauf, dass Sie durchaus keine Oma und kein Opa sind (Letzteres ist natürlich besonders schwer, wenn Sie eine Frau sind), und freuen Sie sich, dass Sie nicht anders betitelt wurden. Denn es geht durchaus auch schlimmer ...

»Was macht die dicke alte Frau da?«

In Ihnen drängt dennoch alles zum Kind, also zum Enkelkind? Gehen Sie bitte sensibel vor. Ihr Nachwuchs hat Sie auch sechs Monate nach der Eheschließung noch nicht mit einem Ultraschallfoto unter dem Weihnachtsbaum überrascht? Verzichten Sie darauf, subtil Urologen oder Frauenärzte zu empfehlen, die sich »mit so was« auskennen. Auch der nett gemeinte Hinweis an den Schwiegersohn, er solle doch mal testen, ob seine »Kaulquappen auch schnell genug schwimmen«, kann möglicherweise falsch verstanden werden.

Auch der direkte Weg ist nicht unbedingt immer der Beste. Die Nachfrage »Und wann kriegt ihr endlich Kinder?« ist nur beim ersten und zweiten Mal lustig, interessiert und charmant – danach nervt sie. Ab dem fünften Mal wird sie übergriffig. Auch mit einfühlsamen Hinweisen wie »Du arbeitest einfach zu viel. Kein Wunder, dass das nicht klappt« sollten Sie Vorsicht walten lassen.

Warum?

Keine Ahnung, versteh einer die zimperliche Jugend von heute!

Es hat geklappt? In Ihrem Briefkasten ist eine liebevoll gestaltete Karte mit den Worten: »Du wirst Oma/Opa« (Übersetzung: »Du bist alt«) gelandet? Herzlichen Glückwunsch! Wobei weiterhin Zurückhaltung geboten ist, auch wenn Sie jeder Ultraschalluntersuchung entgegenfiebern, als wäre es Ihr eigenes Kind. Saugen Sie alle Informationen, die Sie erhalten, auf, aber antworten Sie wertungsfrei. Nachfragen wie »Das ist aber ganz schön groß/klein/früh/spät« sollten Sie für sich behalten – nicht nur während der Schwangerschaft, sondern auch, wenn das langersehnte Enkelkind endlich da ist …

DAS WOCHENBETT FÜR GROSSELTERN

DOS

- Stellen Sie sich als Betreuungskraft zur Verfügung, falls die frischgebackenen Eltern einfach mal wieder drei Stunden am Stück schlafen möchten.
- Bieten Sie an, Essen vorbeizubringen, falls Bedarf besteht.
- Geben Sie Rat, wenn Sie gefragt werden.

Ihre Zeit als Großeltern beginnt jedoch erst so richtig, wenn sich die frischgebackene Familie ein bisschen eingespielt hat und bereit ist, den kleinen Wonneproppen auch leichten Herzens abzugeben. Das kann in manchen Fällen schon eine Woche nach der Geburt sein – bei anderen Familien kann es bis zur Einschulung dauern. Sie sind enttäuscht, weil Sie mit Ihrer vierjährigen Enkeltochter nicht allein nach Madeira fliegen dürfen? Nehmen Sie es nicht zu schwer. Das liegt nicht an Ihnen, sondern an den klammernden Eltern. Na ja, da Sie für deren Erziehung in gewisser Weise auch mitverantwortlich sind, liegt es möglicherweise auch ein bisschen an Ihnen. Aber das müssen Sie ja nicht zugeben – vor allem nicht sich selbst gegenüber.

Sie haben eigentlich gar keine Lust, Enkelverantwortung zu übernehmen? Dann verweisen Sie auf die zahlreichen Pflichten, die Ihr Leben mehr als reichlich ausfüllen (siehe auch: Die Vorteile pflegebedürftiger Elternteile, Seite 74) und lassen Sie sich allenfalls alle vier Wochen auf einen schnellen Kaffee bitten. Das war's aber auch schon. Die Zeiten, in denen Sie Ihre geheiligte Nachtruhe geopfert haben, um einem krakeelenden Dreikäsehoch das klamme Händchen zu halten, sind ein für alle Mal vorbei.

OPA? ECHT JETZT?

Es reicht ja schon, dass Sie plötzlich »die Oma« oder »der Opa« genannt werden. Gerade noch Leiter eines erfolgreichen mittelständischen Betriebs mit Verantwortung für 50 Angestellte, jetzt der tatterige »Opi« mit Buckel, Zahnersatz und Fußwärmer? Nicht mit Ihnen! Es schadet der Artikulationsfähigkeit des Nachwuchses sicherlich nicht, wenn es frühzeitig lernt, Ihren Namen korrekt auszusprechen.

Alternativ können Sie sich darauf einigen, dass das Kind Sie mit dem Namen anspricht, den es sich als Erstes für Sie ausgedacht hat. »Nana« oder »Dade« zum Beispiel. Klingt doch gleich viel jugendlicher.

Meine Empfehlung jedoch: Die neue Bezeichnung mit offenen Armen annehmen und sich stattdessen daran freuen, wenn der Kassierer schleimt: »Das kann doch unmöglich die Oma sein. Sie sind doch bestimmt die Mama, oder?«

Ach, wie charmant!

Wenn Sie sich aber einmal dafür entschieden haben, in der Großelternrolle voll aufzugehen, bietet sich Ihnen mit einem Mal ein breites Spektrum an Möglichkeiten, endlich all die Dinge zu machen, die Sie sich bei Ihren Kindern nie getraut haben – schließlich wollten Sie die Kleinen damals ja nicht verziehen. Aber das ist nicht mehr Ihre Sache – jetzt fängt der Spaß so richtig an!

Verwöhnen Sie Ihre Enkelkinder also, wo es geht. Warum »Nein« sagen, wenn ein »Natürlich, mein kleiner Schatz« so viel leichter über die Lippen geht?

Denn Kinder können ganz schön nervig sein. Lassen Sie also die kleinen Racker schon zum Frühstück naschen. Eine Stunde Tablet muss auch mal drin sein und wenn der kleinen Zuckermaus das Prinzessinnen-Glitzerkleid mit Pailletten und Spitzenüberwurf so gut gefällt, dann bekommt sie es auch – egal, welche Vorträge Ihre Tochter Ihnen bereits über Fair Fashion und die untergeordnete Stellung der Frau gehalten hat, die durch patriarchalische Rollenmuster, die in den Disney-Märchenfilmen so verlockend dargestellt werden, noch zementiert wird.

Was geht Sie das an? Von einem kleinen, aber feinen Zuckerexzess pro Woche wird Ihr Enkelsohn ganz sicherlich kein Pummelchen. Und wenn er bei Ihnen die Zähne nicht putzen möchte? Egal! Davon sind noch keinem die Zähne ausgefallen.

Der wichtigste Satz für Sie wird sowieso: »Davon erzählen wir der Mama jetzt aber nichts!« Ziehen Sie als der ultimative Spaß-Opa den Nachwuchs auf Ihre Seite und schlagen Sie Ihren eigenen Sprösslingen ein Schnippchen.

Apropos: Jetzt ist sowieso die Zeit gekommen, in der Sie sich an Ihren Kindern für all jene Dinge rächen können, mit denen diese Ihnen das Leben schwer gemacht haben. Ihr Sohn grollt mit der Enkeltochter, weil sie im letzten Test schon wieder nur eine Vier geschrieben hat, und es geht doch um die Versetzung? Streuen Sie ein, wie der angebliche Überflieger in der zehnten Klasse mit fünf Fünfen im Zwischenzeugnis fast sitzen geblieben wäre.

Der Enkelsohn hat auf der Klassenfahrt eine Flasche Havana eingeschmuggelt und seinem besten Freund eine Alkoholvergiftung und sich selbst einen verschärften Verweis beschert? Hat nicht Ihre eigene Tochter vor 25 Jahren bei derselben Gelegenheit die Hauswand der Jugendherberge mit einem Kotzstrahl verschönert, weil sie es nach einer halben Flasche Malibu-Maracuja nicht mehr auf die Gemeinschaftstoilette geschafft hat?

Graben Sie all die Geschichten aus, an die selbst Ihre Kinder sich kaum mehr erinnern können, und geben Sie den Enkelkindern reichlich Schützenhilfe im Kampf gegen den übermächtigen Elternwillen.

Und wenn Ihnen die Wünsche der übernächsten Generation zu weit gehen, dann sprechen Sie das auf keinen Fall aus, sondern schieben Sie auch hier Ihren Kindern den Schwarzen Peter zu: »Ich würde ja gern, aber die Mama wird dann böse …«

Sie waschen Ihre Hände in Unschuld, der Sündenbock waren *Sie* lange genug!

Vor allem empfiehlt es sich, die lieben Enkelkinder als Chance zu nutzen, um Ihrem eigenen Leben noch einmal einen Frischekick zu verpassen. Was sonst bietet Ihnen so zahlreiche Gelegenheiten, sich zu bewegen, wie Nachwuchs? Beim Spaziergang im Park. Beim Versteckspielen im Park. Beim Entenfüttern im Park. Beim Kastaniensammeln im Park. Beim Den-verlorenen-Stoff-Hasi-Suchen, während neben Ihnen ein hysterisches Kleinkind schreit, dass Ihnen die Trommelfelle klingeln – natürlich auch das im Park, sonst kriegt es ja auch keiner mit und kann Sie mit abschätzigem Blick angesichts Ihrer großelterlichen Inkompetenz mustern.

Ja, Kinder treiben einen verlässlich an die frische Luft. Es regnet, stürmt und schneit draußen? Normalerweise würden Sie es sich jetzt mit einer schönen heißen Schokolade mit Schuss vor dem Bücherregal gemütlich machen – stattdessen geht es hinaus in den Schnee, denn der kleine Knirps braucht ja frische Luft, sonst schläft er abends wieder nicht ein. Also Schneestiefel (gibt es die auch in wasserdicht?) und fünf Lagen Winterkleidung angezogen, in der Sie sich bewegen wie das Michelin-Männchen, und hinaus in fünf Grad Kälte. Gibt es etwas Belebenderes?

Nicht zu vergessen die Partien Memory, die Sie jetzt mit Ihren Enkelkindern spielen können, und die sich ganz wesentlich auf Ihre Gedächtnisleistung (Stichwort: »Alzheimerprophylaxe«!) auswirken. Oder vielleicht doch nicht? Nachdem Sie fünf Runden hintereinander gegen einen Vierjährigen verloren haben, haben Sie beschlossen, doch lieber auf Mau-Mau umzusteigen. Ist auch viel weniger anstrengend …

Doch in einem Punkt können Sie auf jeden Fall von Ihren Enkelkindern profitieren: Sie helfen Ihnen bei jenen IT-Problemen, die auch Ihre eigenen Kinder schon längst nicht mehr lösen können. Und während die noch ihre Zeit bei Facebook vertrödeln, sind Sie schon längst auf Snapchat und TikTok unterwegs, um als Influencer (siehe auch Seite 44) dicke Kohle zu verdienen. Haben Sie ja auch bitter nötig …

JUGENDSPRACHE – ALTE-LEUTE-SPRACHE

Doch sosehr Sie von Ihren Enkelkindern profitieren: Ein bisschen haben Sie das Gefühl, sie so gar nicht mehr zu verstehen? Diese kleine Übersicht hilft Ihnen möglicherweise weiter. Und vielleicht können Sie ein paar lite Begriffe auch in Ihre Alltagssprache einbauen.

Digga: Kein dicker Mensch, sondern ein Freund. Ihr Nachbar wird sich freuen, wenn Sie ihn so begrüßen.

Habibi: Liebevolle Anrede für Ihre Partner✳in

Ja, moin: Sie sind verwundert? Dann ist das der perfekte Ausruf für Sie – wenn Sie es schaffen, sich endlich Ihr antiquiertes »Ach du gute meine Güte« abzutrainieren.

lit: sehr cool

lost: Sie haben keine Ahnung, worum es gerade geht? Sie sind offensichtlich total »lost«.

nicenstein: Ihnen gefällt etwas so richtig gut? Bringen Sie es mit einem fluffigen »Nicenstein« zum Ausdruck.

Squad: Sie gehen regelmäßig zum Seniorennachmittag ins Gemeindezentrum? Toll, eine schöne Gelegenheit, um Ihre Squad zu treffen.

Verbuggt: Sie haben in diesem Buch schon wieder einen Rechtschreibfehler entdeckt? Mist, voll verbuggt, dieses Buch.

Yolo: »You only live once.« Quasi das neudeutsche *Carpe diem*. Ab sofort Ihr Motto. Jünger werden Sie nicht!

HEY, BOSS, ICH BRAUCH MEHR GELD

IHRE FINANZIELLE SITUATION

Beim Blick auf Ihr Bankkonto bricht bei Ihnen der kalte Schweiß aus? Nun, einen Boss, den Sie um mehr Geld anhauen können, haben Sie leider nicht mehr. Wenn Sie Glück haben – oder Pech, je nachdem, wie man es sieht –, haben Sie Anspruch auf Grundrente. Andernfalls müssen Sie sich mit dem abfinden, was die Rentenversicherung Ihnen nach all den Jahren des pflichtbewussten Einzahlens zugesteht.

Aber aufgepasst: Das dürfen Sie vorher natürlich noch versteuern. Das liegt an der sogenannten nachgelagerten Besteuerung, wie sie 2005 eingeführt wurde. Altersvorsorge wurde ab diesem Zeitpunkt nämlich nach und nach steuerfrei – allerdings dürfen Sie die Steuer jetzt abdrücken, wenn Sie sowieso kaum Kohle haben.

Allerdings sind Sie daran auch ein bisschen selbst schuld. Hätten Sie nicht wie die Grille den ganzen Sommer nur gesungen und ihr üppiges Kassiererinnengehalt für Jachten, Koks und Nutten/Callboys verprasst, dann hätten Sie jetzt, im Herbst des Lebens, etwas, wovon Sie zehren und sich ernähren können. Also wirklich!

Dieser Vorwurf hilft Ihnen auch nicht weiter? Dann hier ein paar kreative Vorschläge, wie Sie sich als Rentner ein kleines Taschengeld dazuverdienen können.

TOP 3 DER BELIEBTESTEN RENTNER-NEBENTÄTIGKEITEN

NUMMER 1: DER KLASSIKER – FLASCHENSAMMELN

Mal ehrlich: Sie haben sowieso so viel Leergut zurückzubringen, da können Sie die paar Flaschen am Wegrand auch gleich mit einpacken. Lohnt sich nicht wirklich – aber so haben Sie wenigstens noch eine Beschäftigung für die quälend langen Vormittage, bis Sie sich Ihr erstes Bier genehmigen dürfen.

NUMMER 2: FÜR NEUGIERIGE – DIE HAUSMEISTER-TÄTIGKEIT

Einen Hausverwalter beauftragen viele Vermieter nur ungern, denn das kostet! Sie sind viel billiger, stellen die Tonnen pünktlich an die Straße, schließen nachts ab und kümmern sich um die Einhaltung der Kehrwoche. Alles Dinge, die Sie sowieso schon die ganze Zeit machen – und jetzt werden Sie auch noch dafür bezahlt. Außerdem ist das der ultimative Freibrief, um ein bisschen in den Mülltonnen Ihrer Mitbewohner herumzuschnüffeln. Und? Schon was Interessantes entdeckt?

Sie gehören zu den glücklichen Rentnern, die nicht etwa zu wenig, sondern viel zu viel Geld auf dem Konto haben? Herzlichen Glückwunsch! Sie haben nun zwei Optionen, was Sie mit Ihrem »Zuviel« an Geld anstellen können.

1. Verschenken/vererben

Sie haben Ihr Leben lang gespart, sich einen Bandscheibenvorfall und ein Magengeschwür erarbeitet, nur um jetzt nicht zu wissen, was Sie jetzt mit dem Geld anfangen sollen? Ihnen ist wohl nicht zu helfen. Sparen Sie weiterhin – vielleicht haben wenigstens Ihre Kinder und Kindeskinder Freude an Ihrem Ersparten.

2. Verprassen!

Oder aber Sie verprassen die Kohle hemmungslos und sinnlos. Das hat zwei Vorteile: Erstens müssen Sie sich nicht mehr ständig Gedanken machen, wie Sie das Geld anlegen könnten, um es für die Erbschleicher weiterhin zu vermehren – zweitens hätten Sie auch endlich Ruhe von Ihrer schrecklichen Nichte und Ihrem öden Mann mit ihren nervigen Gören, die alle zwei Wochen bei Ihnen vorbeigeschneit kommen, um zu fragen, »wie es dem lieben Onkel Waldemar geht«, und sich nach dem Stand der Dinge (vor allem nach dem des Kontostands) zu erkundigen.

Hier die Top 3 der Dinge, für die Sie Ihre Kohle in Ihrem Alter sinnvoll ausgeben können:

3. Drogen

Träumen Sie nicht schon seit Jimi Hendrix' *Purple Haze* davon, durch lila Dunst zu laufen? Jetzt ist der richtige Moment dazu. Sie haben die Kohle, und um Ihre Gesundheit müssen Sie sich in Ihrem Alter auch keine Gedanken mehr machen. Wird höchste Zeit, dass Sie mal ordentlich einen durchziehen und abheben in die lila Wolken.

4. Liebhaber/Geliebte

All das jahrelange Gerede von einer Beziehung auf Augenhöhe – das mag in der Mitte des Lebens nicht unattraktiv sein, jetzt haben Sie aber vor allem Lust auf eines: von vorne bis hinten verwöhnt zu werden. Und wenn Sie dafür den *Sugar Daddy*/die *Sugar Mama* geben müssen? Egal! Was kostet die Welt?!

5. Autos

Mal ehrlich: Gibt es eine schönere Art zu leben und zu sterben? Und wenn Sie ganz sichergehen wollen, kaufen Sie sich statt des schnellen Schlittens ein Motorrad. Gute Faaaaaaaaaa…

Fazit: Egal, was Ihre kleine schmutzige Leidenschaft ist – lassen Sie die Sau noch einmal richtig raus. Wer weiß, wie viel Zeit Ihnen noch dazu bleibt … Yolo!

ERBEN UND STERBEN

DIE LETZTEN DINGE

Blicken wir den Tatsachen ins Auge: Sie haben die Schlussgerade des Lebens erreicht. Deshalb gibt es so einige Dinge, die Sie jetzt noch regeln sollten, bevor es für Sie zu spät ist.

Es fängt schon beim Thema Erbe an. Jahrzehntelang haben Sie scherzhalber gedroht: »Dann enterbe ich dich eben.« Jetzt wäre der richtige Zeitpunkt, um das auch schriftlich festzuhalten. Wenn Sie das nicht tun, erhält bei der normalen Zugewinngemeinschaft Ihr Ehemann oder Ihre Ehefrau die Hälfte Ihres Vermögens – den Rest teilen sich die Kinder. Sie sind unverheiratet und ohne Kinder? Dann erben Ihre Eltern – und sind die wiederum schon tot, folgen die Abkömmlinge Ihrer Eltern in der Erbreihenfolge. Das heißt, dass, wenn sie das nicht irgendwie anders regeln, tatsächlich Ihre fette Nichte mit ihrem öden Mann Ihr Haus erben wird.

Wobei man sagen muss, dass das mit dem enterben nur so halb funktioniert. Kinder zum Beispiel erben immer – allerdings, wenn Sie möchten, nur den Pflichtteil. Das ist die Hälfte des gesetzlichen Erbteils. Und je mehr Kinder, desto geringer der Pflichtteil. Ein Beispiel gefällig? Ihr ältester Sohn ist ein Kotzbrocken vor dem Herrn, der nur darauf wartet, dass Papa abkratzt? Wenn

Sie in Ihren letzten Lebensjahren noch ein paar Kinder in die Welt setzen, schmälert das seinen Pflichtteil signifikant. Gewusst, wie!

Oder Sie verschenken Ihr Geld. Damit das niemand auf dem Sterbebett tut und so die Erbschaftssteuer umgeht oder die Erben übergeht, gibt es Zeiträume, die vergehen müssen, damit das verschenkte Geld auch wirklich nicht mehr Teil der Erbmasse ist – und zwar zehn Jahre. Und alle zehn Jahre reduziert sich dieser Betrag um ein Zehntel. Auch hier ein Beispiel?

Sie schenken Ihrer Lieblingstochter 10 000 Euro, um Ihrem doofen Sohn ein Schnippchen zu schlagen? Nach einem Jahr werden nur noch 9000 Euro der Erbmasse zugerechnet, nach zwei sind es 8000, nach drei 7000 und so weiter. Nach zehn Jahren gehört das Geld komplett Ihrer Tochter.

Nimm das, Arschgesicht!

Sie wollen lieber vererben? Gut. Wenn Sie konkretere Vorgaben machen möchten, können Sie ein Testament schreiben. Dafür braucht es – anders als man als Konsument einschlägiger Spielfilme denkt – keine Zeugen, allerdings muss das Testament handschriftlich abgefasst sein. Zuletzt noch eine Unterschrift – fertig.

Ihre Finger sind ganz krumm vor Gicht? Auch dann dürfen Sie das Testament nicht auf der Schreibmaschine tippen. Natürlich gibt es irgendwelche Sonderregeln über Nottestamente auf hoher See, wenn kein Stift in der Nähe ist und drei Zeugen ausnahmsweise reichen, aber wenn es Ihnen zu anstrengend ist, selbst zu schreiben, müssen Sie zum Notar – und der verlangt ein saftiges Honorar, abhängig von Ihrem Vermögen.

Übrigens: Wenn Sie Ihr Testament selbst zerreißen, ist es ungültig. Wenn jedoch ein böser Schurke das Testament zerreißt, um die liebe Haushälterin um ihren Anteil zu bringen: Das funktioniert nicht. Das Testament behält weiter seine Gültigkeit.

Deshalb empfiehlt es sich auch, Kopien bei vertrauenswürdigen Personen zu hinterlegen. Die reichen im Zweifel aus, wenn das Original zerrissen, verbrannt oder in einer finsteren dunklen Nacht im Moor vergraben wurde.

Eine andere Sache, um die Sie sich kümmern sollten: Vollmachten. Denn auch wenn sich alles in Ihnen dagegen wehrt, schließlich sind Sie gefühlt Mitte 40: Die Einschläge kommen näher und da ist es sinnvoll, jemanden in der Hinterhand zu haben, der sich um Ihre Angelegenheiten kümmert, wenn Sie selbst das nicht mehr können. Solche Vollmachten können sich auf finanzielle, aber auch auf medizinische Fragen beziehen. Um zu verhindern, dass mit diesen Vollmachten Schindluder getrieben wird, sollte in den Vollmachten auf jeden Fall stehen, dass diese erst gelten, wenn Sie selbst keinen freien Willen mehr bilden können.

Weshalb solche Vollmachten so wichtig sind? Andernfalls muss im Fall der Fälle ein gesetzlicher Betreuer eingesetzt werden – und die können auch manchmal ganz schön pingelig sein. Dann muss nämlich Ihre Tochter, wenn sie Ihnen neue Unterhosen besorgt hat, das Geld dafür beim Betreuer einfordern – und muss dann gut und gerne auch mal begründen, warum der Papi mehr als zwei Unterhosen braucht.

Und wenn Sie sowieso schon beim Papierkram sind: Füllen Sie doch am besten gleich noch eine Patientenverfügung aus. Da können Sie dann reinschreiben, welche Behandlungen Sie sich in hypothetischen Szenarien wünschen würden – und welche nicht. Das erleichtert den Ärzten und Ihren Angehörigen manche Entscheidungen.

Puh – das war ja jetzt richtig harter Tobak, nicht wahr?

Wenden wir uns stattdessen den spaßigeren Themen zu: Wie stellen Sie sich Ihre Beerdigung vor? Wobei man sagen muss: Der Reiz, den das Ganze hatte, wenn man sich als missverstandener Teenager vorgestellt hat, wer alles zur Beerdigung kommen und bittere Tränen am Grab vergießen würde, wenn man jetzt überraschend sterben würde, ist natürlich verflogen. Wenn Sie jedoch vermeiden möchten, dass bei Ihrer Beerdigung rührselige Grabreden geschwungen werden, während »Näher mein Gott zu dir« aus dem quietschenden Lautsprecher knarzt, dann sollten Sie das entsprechend festlegen. Vielleicht möchten Sie auch gar kein kirchliches Begräbnis?

Und am allerwichtigsten: Suchen Sie jetzt schon aus, welches Bild von Ihnen in der Todesanzeige auftauchen soll. So vermeiden Sie, dass dort ein vermeintlich gut gelauntes Bild landet, auf dem Sie aussehen, als hätten Sie gerade mächtig einen sitzen, was wiederum sämtliche Freunde und Bekannte zu wilden Spekulationen hinsichtlich der Todesursache anstachelt …

CHECKLISTE: »DIE LETZTEN DINGE«

☐ Testament

☐ Vollmachten

☐ Patientenverfügung

☐ Beerdigung

Wichtig: Sagen Sie den Leuten, für die diese Dinge bestimmt sind, auch, wo diese Unterlagen liegen. Das bis ins kleinste Detail durchdachte Testament nützt Ihnen nichts, wenn keine Sau es findet.

ENDLICH ALT GENUG ...

Ich hoffe, Sie sind mir nicht böse, dass ich auf den letzten paar Metern all diese ernsten Themen angeschnitten habe, auf die Sie eigentlich so gar keine Lust haben.

Aber jetzt atmen Sie einmal kurz durch. Einatmen. Ausatmen. Einatmen. Ausatmen. Nein, es ist noch lange nicht so weit. Es liegt noch eine laaange Schlussgerade vor Ihnen – aber diese müssen Sie auch nützen!

Tun Sie jetzt nur noch, worauf Sie Lust haben. Lassen Sie sich nicht reinreden. Sie haben zu lange für die anderen gelebt – wann, wenn nicht jetzt, ist der Zeitpunkt, um endlich die Dinge zu tun, zu denen niemand anders Sie drängt, überredet, Ihnen ein schlechtes Gewissen macht?

Das kann auch heißen, dass Sie sich tatsächlich stundenlang zum Taubenfüttern in den Park setzen, anstatt ein gutes Buch zu lesen oder auf Weltreise zu gehen, dass Sie keinen Sport mehr treiben und dafür schon zum Mittagessen eine schöne große Weinschorle trinken.

Hören Sie auf Ihren Körper. Hören Sie auf sich selbst.

Sie sind groß genug.

Ihnen fällt schon was ein!